JN120370

横山祖道 著
柴田誠光 編
—草笛禅師横山祖道老師の世界 坐禅、風雅、人生—
文芸社

はじめに

横山祖道老師は、道元禅師の信奉者で、正法眼蔵の実践者である傑出した人物澤木興道老師の許に出家し、約二十年間、寺での修行の後、道元禅師が伝えた人間が出来る中で最上最高の姿、即ち仏祖正伝の只管打坐の坐禅を後世に伝えて行く為には、従来の「理智の坐禅」を「情の坐禅」即ち日本のもの（世界各国万人のもの）としなければならないとし、「信仰の坐禅、情の坐禅」を確立。

それを「我立つ杣」と題し書きまとめた後、寺を出て翌昭和三十三年四月から示寂なされた昭和五十五年六月まで、小諸市諸にあった下宿屋さん小林丑雄氏の二階六畳一間を間借りして、徒歩で二十分ほどかかる『千曲川旅情の歌』の詩碑、島崎藤村記念館で有名な小諸懐古園で、旅の思い出にと、旅人に草笛を聞かせたのでありました。

横山老師は、草笛を名目に立て「我」というものを取り「無我」に徹底する修行、自利行と草笛を通して正法眼蔵四摂法、布施、愛語、利行、同時を実践し、各人に自己の本心（自性清浄の情、母の情）を自覚してもらう為の利他行を、又坐禅を組み坐禅を見せ、坐禅に関心を持つ人に、坐禅とは如何なるものであるかを話し、その中から坐禅を護持し後世に伝えて行こうという人が出てくることを願っての草笛生活でした。

又その折々の生活の中にうるわしき景を発見し、心うごかされた、そのよろこびを和歌に詠み其れに曲をつけたのでありました。その横山祖道老師の残された毛筆で書かれた「碑のほとり乃哥」と題した歌曲を紹介し、それと共に坐禅と風雅と生活とが渾然一体となった信仰世界を、これも残された文章、掛け軸、色紙、写真などをつかい、表現することにしました。

次の和歌と言葉がこのような生活を創造した横山老師の魂を端的に表したものであると思い、記しておきます。

父母(ふぼ)よりも同胞(はらから)よりも山河を愛しけるこそ悲しかりけれ

父母(ちちはは)ゆわが同胞(はらから)ゆゆるしませ家の子にてはなかりしわれを

もしも世に世を捨(超え)てし人ありとせば只管打坐(しかんたざ)のみ世を捨(超え)てし人

夕焼は夕焼を知らず、然はあれども夕焼なり、夕焼かくのごとくんば万象は一の夕焼のごとし、
　古里の夕焼うるわしきがごと万象うるわし（宇宙人生うるわし）

その昔山にて坐禅していたら雉子(きぎす)でてきて坐禅をにらみ

わたしのところは自分を発明さえすればよいのだから
　自分を知りさえすればよいのだから―　澤木興道老師

次にこのような生活を創造した経緯を書いておきます。

横山老師は明治四十年九月一日、仙台伊達藩の御三家の一つ登米伊達家の家老職の家柄、横山栄家の四男五女の次男として生まれました。幼年少年期、父親から機会あるごとに宗教、政治、哲学、日本の国柄などについて聞かされました。お祖母さんからは昔話など文学的な話を聞いて育ちました。その話の中には和歌なども織り込まれておりました。

又、友達と野球、北上川での水泳などスポーツに興じ、草笛も高等小学校三年の時、自分より年上の子が柾（まさき）の葉でうたをうたっているそれをまねて覚えたのでした。

青年期に入ると、家業（機織業）を手伝いながら在郷の俳人安斎桜磈子（おうかいし）に師事し俳句の勉強を始めたのでした。又ひまがあれば山河を歩き、自然を愛し、自然を友として過ごしました。ある日から夕空を愛し、雨や雪が降っているのでない限り根山に立って、毎日夕焼をながめました。

然しいかに美しくとも日が暮れて暗くなると、夕空は消えてなくなりました。もし夕焼にいつまでも夕焼でいられたら夕焼に気ちがいにされてしまうような気がしたのでした。ある夕べ、夕焼に気ちがいにされてたまるかと力んだその時、夕焼から夕焼は離念（無念無想）であることを教わったのでした。そしてこの夕（宇）焼（宙）直観から、

「夕焼は夕焼を知らず然はあれども夕焼なり、夕焼かくのごとくんば万象は一の夕焼のごとし、古里の夕焼うるわしきがごと万象うるわし（宇宙人生うるわし）」

の言葉を持ったのでした。宇宙万象離念なら自分も万象の内だから自分も本来離念（無念無想）であることを知り、これで夕焼に気ちがいにされずに済んだと思うと共に、父親から七つの春に坐禅を組んで見せてもらったことを思い出し、万象離念なら坐禅も離念なるものである。そして「坐禅をして呼吸のみしている」これが宇宙人生の完全（ミヤビ）であると、おのずからかく思い自ら進んで坐禅を始めたのでした。

ある日山遊びに行き、山で坐禅をしていた草むらから雉子（きぎす）が目の前に出てきて、その坐禅を一、二分であろうかにらんでいた。この体験から雉子（きぎす）は坐禅を人間とは思わなかった。坐禅坐相は超人間法、超理性法、無念無想（離念）の姿、即ち宇宙と合同であることと、雉子は坐禅を敵と思わなかった、即ち無敵（大慈大悲（母の情））であること。この二つを雉子から教わり、坐禅坐相（宇宙）は無念無想（離念）即大慈大悲（母の情）であると確信したのでした。

昭和十二年七月二十九歳の時、家業を手伝いながら坐禅をして行こうと決心し、それには坐禅の伝統を受け継ぐことが大切だと思い、どこかに参禅会がないかと探していたところ、曹洞宗の本山総持寺で夏季参禅会のあることを知り参禅、それが縁となり澤木興道老師の許に出家したのでした。

澤木興道老師は当時駒澤大学の教授、総持寺の後堂（坐禅の指導者）を兼務。学問、修行両方を兼ね備えた方でした。出家を許された横山老師は澤木老師が寺をお持ちにならなかった為、その秋、橋本恵光老師のもとに預けられました。昭和十三年一月正式に出家得度、出家名は耕雲祖道。出家した横山老師はすぐに僧堂伊豆の最勝院に二年間安居、続いて本山総持寺に二年間安居、その間に首座も務めました。

太平洋戦争が始まった翌年昭和十七年五月総持寺を出て、熊本市郊外奥古閑村にあった海蔵寺に移り、ここに四年半ほど一人で過ごしました。この肥後の野で実物（宇宙）を理智で「什麼物恁麼来（なにものかいんもらい）」と表現するならこの伝統を受けて、情で表現するなら「題知らず詠み人知らずの歌」と表現できると思ったのでした。このことを知った記念に一つ歌を作り其れに曲をつけておこう、これが動機となり後に安泰寺歌曲集、北上三郎歌曲集、なむ観世音歌曲集が出来たのであります。

戦争が終わり昭和二十一年九月、丹波の十方寺、羽後の東伝寺で修行、二十三年四月信州佐久の貞祥寺に移り、このことが小諸との縁の始まりとなったのでした。昭和二十四年八月、京都の玄琢にあった紫竹林学堂安泰寺に移りました。

この安泰寺は大正十年、小田垣瑞麟和尚が兄弟子で還俗し事業に成功した人から伽藍建築それに基本金を付けてもらい出来た寺で、檀家はなく、駒澤大学の優秀な学生十人ほどを集め、正法眼蔵の跡継（あとつ）ぎを育てるのが目的で建てられた寺でした。

小田垣和尚は正法眼蔵の大家で駒澤大学の学長をしていた丘宗潭老師にお願いして安泰寺の開山になってもらったのでした。その後安泰寺は戦中戦後の混乱期の中、檀家がなかったこともあり寺は荒れ果ててしまいました。是を澤木興道老師が当時駒澤大学の学長で住職名を出していた衛藤即応老師から借り受けたのでした。こうして澤木興道老師の弟子数名が安泰寺に入り坐禅と托鉢の生活が始まったのでした。

横山老師は翌二十五年、ご自身が正式に作曲の勉強をした訳ではないので、今まで作曲した曲を誰か専門の方に見てもらいたいと思い人を探していたところ、参禅会に来ていた庄司先生の紹介で当時鷹ヶ峰小学校の校長で作曲家の渋谷光明先生に出会ったのでした。この横山祖道歌曲集は渋谷先生の校正並びに伴奏がつけられ完成したものです。

昭和二十九年には「我立つ杣」と題し、約二十年間澤木興道老師のご提唱をうかがったノートを整理し始めました。そして澤木老師の語りし道元禅師の伝えた仏祖正伝の只管打坐とは如何なるものであるかを明確にすると共に、この只管打坐の坐禅と父親から受けた仏教観、ご自身の体験「宇宙万象離念」「雉子坐禅をにらみ」から坐禅坐相は非思量（離念、無念無想）即大慈大悲（宇宙母の情、自性清浄の情）であるとし、従来の坐禅はこの宇宙の悲思量の面を理智を持って説いたのに対し、この宇宙の大慈大悲の面を情を持って説く方が坐禅坐相は後世に受け継がれていくと確信して、ここに「情の坐禅」を確立したのでした。

昭和三十一年七月「我立つ杣」を書き終え三十二年三月安泰寺を出て、仙台の妹さんのところで身体を整え、三十三年四月、小諸に来て二十二年間の草笛生活が始まったのでした。

本書に収められている「碑のほとり乃哥」は作曲ノート安泰寺歌曲集、北上三郎歌曲集、なむ観世音歌曲集の中から長野県小諸市で作詞作曲したもの（昭和三十三年から三十七年五月まで四年間のもの）を、昭和四十六年八月二十六日から二十七日の二日間で上、中、下の三冊にして、毛筆にて半紙に歌曲の題名を数曲かえてお書きになられたものです。

編者　柴田　誠光

下宿屋さんの床の間にて

小諸懐古園の笹薮のもと（昭和46年２月）
達磨大師も寒い時はこのようにしてお袈裟を頭からかぶり坐禅をしていた

澤木興道老師

小諸懐古園での坐禅

目次『碑のほとりの哥』

宗教のこころ、坐禅のこころ

みちのく乃

みちのくの誰を松島まつしまの岩面に咲けるなでしこの花

仙台へ登米の里発ち今見つるなでしこの花岩の面に咲き

私、昭和三十一年、松島海岸の岩の切り目に一もと撫子がきれいに咲いているのを汽車の窓から見た時、撫子は僅かに根を張る場所さえあれば完全にその花を咲く。其れなら私も僅かに飢えを凌ぐことさえ出来たら私なりの花を咲かすことが出来る。是が少欲知足という宇宙道だなと、私、撫子に少欲知足が仏道（宇宙道）であることを教わったのでありました。

多欲の人は利を求ること多きが故に苦悩もまた多し。少欲の人は無求無欲なれば則ちこの患い無し。直ちに少欲を修習すべし。少欲を行ずる者は心則ち坦然として優畏する所無し（おそるることなし）。ことに触れて余り有り。常に足らざること無し。諸の苦悩を脱せんと欲せば当に知足を観ずべし。知足の法は即ちこれ富楽安穏の処なり。知足の人は地上に臥すと雖もなお安楽なりとす。不知足の者は天堂に処すと雖も亦意にかなわず。不知足の者は富めりと雖も而も貧し。知足の人は貧しと雖も而も富めり。

（以上『仏遺教経 少欲知足抄』）

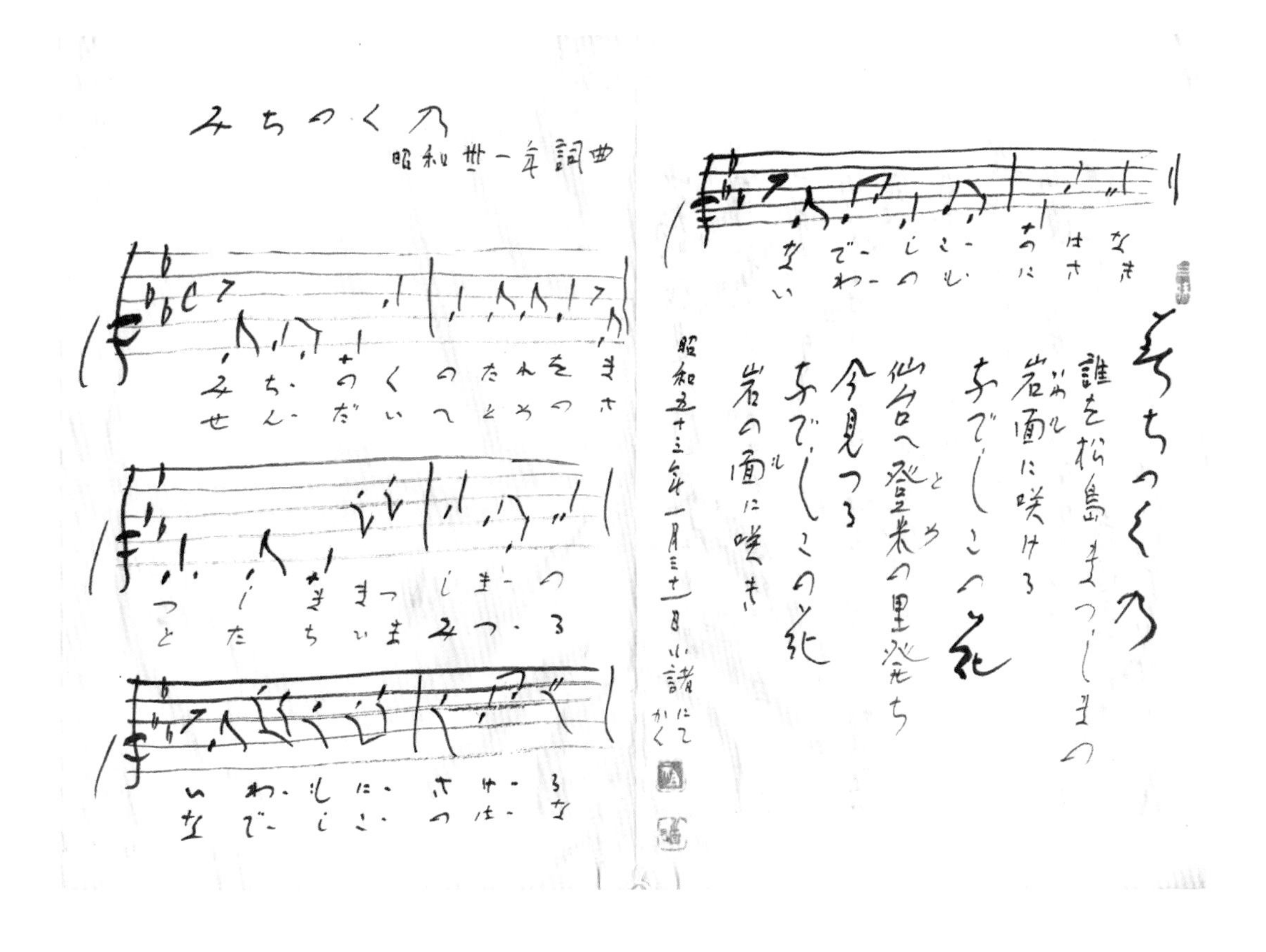
みちのく乃
昭和廿一年詞曲
みちのく乃
誰を松島まつしまの
岩面に咲ける
なでしこの花
仙台へ登米の里発ち
今見つる
なでしこの花
岩の面に咲き
昭和五十三年一月三十一日小諸にてかく

無所得無所悟にて端坐して時を移さば即ち祖道なるべし（正法眼蔵随聞記）

右は只管打坐のことなれど、無所得無所悟は人の少欲知足に安住した状態でありますから、少欲知足に安住して生活しなば祖道、即ち宇宙道なるべしで、仏道とは宇宙道、日本流にいえば宇宙道（祖道）であります。

先師澤木興道老師曰く

日本人が仏道を学ぶと言うことは、本当の日本人になるためである。日本人が日本人になれば、宇宙無窮、宇宙常住と一体である。かくの如くんば日本家庭仏道というもの、定んで少欲知足のもと家庭神聖。この神聖が本当の日本家庭仏道、宇宙道。

先師老師曰く

仏道とは自分に成り切る法である。現在の自分に成り切ったら人は誰でも成仏である。

自分に成り切った成仏―これも少欲知足に安住した状態であります。仏道広大無辺と言っても総合して一句にすれば僅かに少欲知足、岩面に咲ける一もとの撫子の少欲知足であります。

【参考】

○宗教とは実は家庭の神聖を表現するものなので坐相みほとけとはこれの表現なのである。
○宇宙本来相は家庭相、和合相、神聖法である。
○宇宙は一つの家庭相でこれが各家庭となっているのである。
○本来人生そのまま永遠の姿なのである。この永遠の姿、之がそもそも神聖なる家庭相それ自身なのである。故に家庭神聖を知ることが本来の面目なのである。
○宇宙と人生を全く調和させる魂は必ず大和の魂即ち「家庭神聖の自覚」であります。
○家庭生活は本来法であり神聖法である。それ故世尊の教え（戒）を学び家庭を立派に生きなければならない。
○私は大和の国の家庭を神聖法と自覚した時、世尊（戒）を知った。このことから人生の本義、本来の面目、宇宙の本義とは私（大和国の人）にとってはこの自覚である。
○世尊（お釈迦様）の教えとは戒であった。そしてこの戒は人生それ自身を只管とする為のものであった。即ち大和の国の家庭をしてそのまま宇宙法、只管法、涅槃（永遠）とする為の戒であった。
○戒は必ず家庭の神聖を知る所に生まれる。
○大和の魂は必ず戒を護持するものである。大和の魂（家庭神聖）と戒（仏道）とは不二法門。
○大和の国（魂）は非思量（離念、無念無想）即大慈大悲（母の情）即仏戒である。
○大和の国の家庭しのびこれが世界各国の家庭しのびであり、之が本当の宇宙（くに）しのびであり、之が永遠の今なる坐相みほとけである。
○宇宙は一つの家庭相であり和合相であり宇宙は母の情である。

○家庭神聖（和合）に何らも必要がなく全く害あるもの、これを欲といい煩悩と云う。
○仏道の尊いところ有り難いところはこの欲を離れしむるところにある。
○宇宙は「みおや」の故に宇宙のことは親の情を通してのみわかるのであるから、世の中がどのように変化しても大切なのは家庭である。
○家庭神聖を自覚したその自覚、之を天孫降臨と云うのである。天孫降臨とはこの自覚のことで、之はどこへ出しても立派な自覚である。この自覚が坐相降臨を発見するのである。そしてこの坐相とこの自覚（古代日本の超理性法）と全く合同したもの、之がとりも直さず神聖なる大和の国の家庭しのび、世界各国の家庭しのびにて、之が永遠の今である。これをキリストは神は愛なりと語り、世尊は涅槃常住（無余涅槃）と云い、達磨様は自性霊妙と云い、この自性霊妙を受けて石頭大師は廓達霊根非向背（万象無敵）と言われたのである。

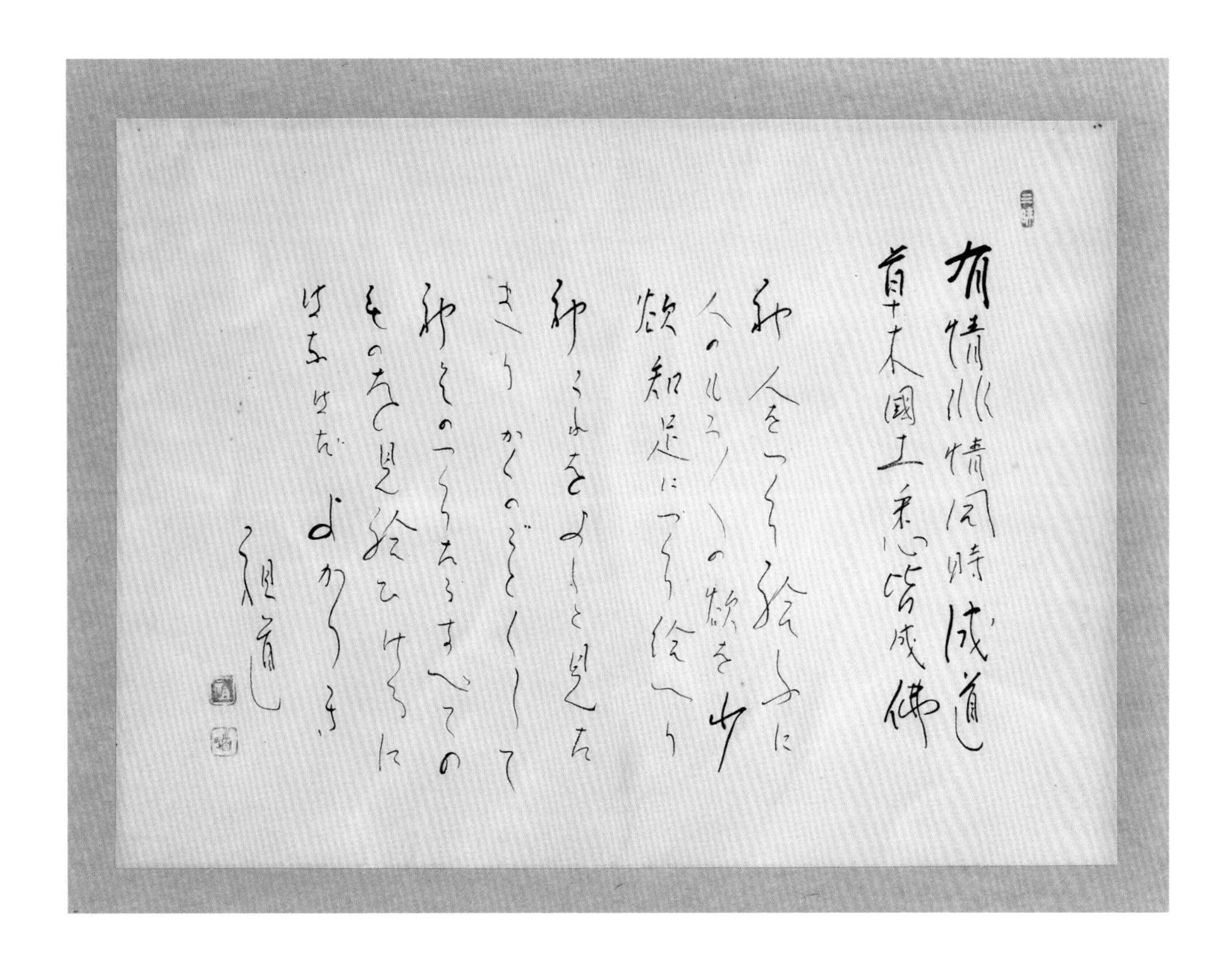

有情非情同時成道
草木国土悉皆成仏

神　人をつくり給ふに
人のもろもろの欲を少
欲知足につくり給へり
神　これをよしと見た
まへり　かくのごとくして
神　そのつくりたるすべての
ものを見給ひけるに
はなはだよかりき

祖道

夕空

昔私、古里で夕空を愛し夕べ毎、根山に立って夕空を眺めました。雨や雪が降っているのでない限り、私はどんな曇った夕べも根山に立って夕空を眺めました。然しいかに美しくとも日が暮れて暗くなると夕空は消えてなくなりました。若し夕空にいつまでも夕焼でいられたら、私夕焼に気ちがいにされてしまうような気がしました。

夕焼いかに美しくとも日が暮れてしまえば消えてなくなる、うれしいことだ。私は日もすっかり暮れ夕空もすっかり消えてしまってから、一人安心して根山を下りるのでありました。ある夕べ、私はついに夕焼から万象離念のヒントを得ました。

夕焼は夕焼を知らず、然はあれども夕焼なり。夕焼かくの如くんば万象は皆離念なりと。

私昔、古里で夕焼離念から万象離念を知った時、七つの春の夕方、父に坐禅してもらったことを思い出し、そしてしかもまだ私一度も坐禅したことないのだけれど、万象離念なら坐禅も離念なるものであり、万象離念に対しては坐禅離念だけセーフ、後は皆オーバーラン、タッチアウトと野球用語でもって坐禅の何であるかを大よそ知りました。

即ち坐禅は自分がこの世に生まれてきたことにも知らないふりをしており、又死んでゆくとしてもそれにも知らないふりをしているもので、しかもこれがそもそも万象をして万象たらしむるもので、ここ、このまま、永遠の今、万有即万有なるものであると。万象離念、坐禅離念の離念は実には何にも知らないものであります。

この何にも知らないと言うことが無限というものであります。知は有限であり不知は無限であります。しかし人としては完全なる不知者となれないから一応知らないふりをしなければならないのであります。

その昔私、古里で夕焼に万象は一切離念であると教わった時、それなら私は坐禅を組んで一切に知らないふりをしていなければならないと思いました。知を人間とすれば不知は人間以上のものであります。また知を学問とすれば不知は学問以上のものであります。夕焼に教わった坐禅は、われは天文学にあらず天文それ自身でした。

【参考】

○天文（宇宙（夕焼））を直観する魂（情）は、天文（宇宙）と同格の魂（者）である。その故は主観と客観とは一体であるからである。

○宇宙万象は無念（離念、非思量）、不知、無我だから美しいのである。これと同格なる魂が最もうるわしく発達した魂（情）、即ち自性清浄の情、宇宙母の情（永遠の親心）なのである。このことをキリストは「神は愛なり」と言い、仏教では「大慈大悲」と言ったのである。それ故、宇宙万象（無念、離念、不知、非思量）即宇宙母の情《なさけ》（永遠の親心、自性清浄の情）、神は愛なり、大慈大悲なのである。

○六根清浄なるが故に万物と一体、天地と同根。

○一般に理性（思慮分別）と言うものは尊いもののように思われている。万象は本来離念法であるからこそ尊いものを。万象には理性がないから万象を皆合わせても何ら考える力も物思う力もない。それで理性のある（考えのある）一の人間の方が宇宙全体より値打ちがあるなどと思われ勝ちである。そして理性は人間にしかないところの一の大なる迷いであることに少しも気づいていない。理性が役立つのは世の中のことにおいてであり、人間の真の幸福には役立たないのである。

○人間が社会生活を送る上では理性はなくてはならないものである。しかしもし人間に理性（思慮分別、相対の見）がなかったら損得、善悪、大小等々で争うことなど、人間には絶対にないのである。

○自然界の「不可抗力」、これを思うと大慈大悲に思えないけれど宇宙は何らも理性がない点において、宇宙は大慈大悲なのである。

○お釈迦様（世尊）は苦悩は理性（思慮分別）の中にあるとして超理性法（只管打坐《しかんたざ》法）を立てられた。

○宇宙（超理性法）に到着した魂は日本古代の超理性法とキリスト超理性法と世尊（お釈迦様）の超理性法である。

○人間分別を捨てることを得ず。ただ分別なき世界、真の宇宙人生（自己の自性清浄の情、母の情）を自覚《信仰》して是に生きるよう努力して行けばよいのである。

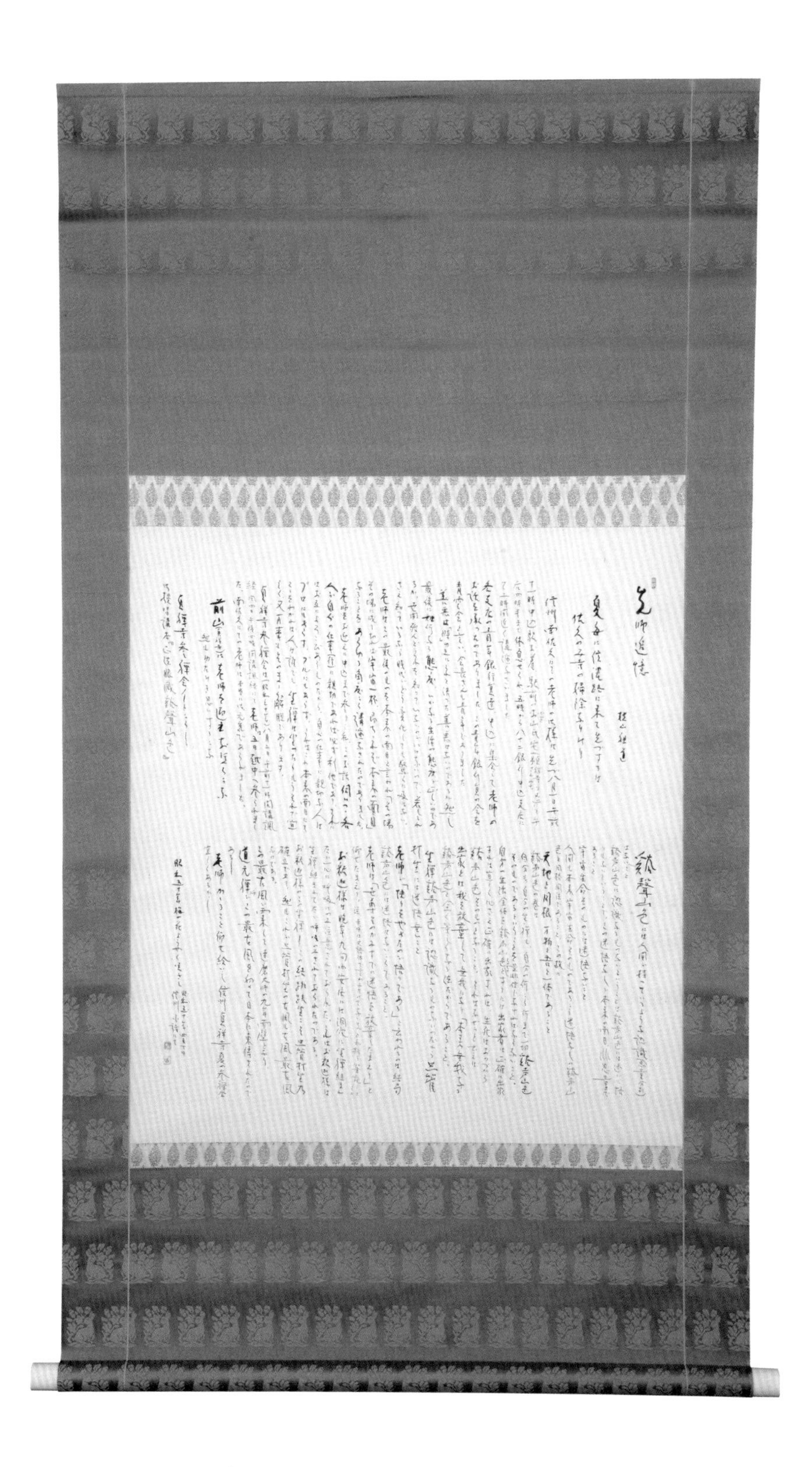

先師追憶　横山祖道

夏毎に信濃路に来て先づするは佐久のみ寺の掃除なりけり

信州南佐久にての老師の御様子は先ず八月一日午前十一時、中込駅お着。駅前の小山氏宅（貞祥寺方丈の弟さんの宅）にて午後四時半まで休息せられ、五時から八十二銀行中込支店にて二時間近く講演なさいました。各支店の青年銀行員達、中込に集合して老師のお話を承ったのでありました。この青年銀行員の会を青雲会と言い会長さんも青年でありました。

善悪は「時」故にこれと決まった善悪はないのであるが、しかし最後に如何なる態度如何なる生活の態度が正しいのであるか、世間殆どこれを知っていないのがいけないので、若しこれさえ知っているなら時代がどう変化しても驚くに及ばない。

老師はこの最後のものを「本来の面目」と言われ「その場その場に成り切れば宇宙一杯即ちこれぞ本来の面目」なることを、あらゆる角度から講演なされたのでありました。

人が自分の仕事（行）に親切であれば必ず利他であり、之にはお互いに喜びがあるものだから、自分の仕事に親切な人はプロにもあらずブルにもあらず、これはこれ本来の面目にて、ここがわかれば人は誰でも坐禅は座ったらもうそれで宜しく、又万事もそのまま解脱であります。

貞祥寺参禅会は（昭和三十年）八月二日午前十一時開講諷経、同四日午後四時閉講諷経にて、老師は五日越中へ参られました。南佐久にての老師は本当にお元気であられました。

前山（貞祥寺）に老師を迎えおほらかな　然もゆたけき思いするかな

貞祥寺参禅会ノートから――　ご提唱講本「正法眼蔵谿声山色」

谿声山色には人間が持っているような認識（思量分別）はないこと、谿声山色に認識なるものないということは谿声山色には迷いも悟りもないということで、この迷悟なしが本来の面目、非思量であること。宇宙生命そのものには迷悟ないこと。人間も本来宇宙生命そのものであるから、迷悟なしの谿声山色と同格同法であること。この故に天地と同根、万物と吾と一体であること。

谿声山色の巻は自分も自分の坐禅も、自分の何から何まで一切谿声山色そのものであると言うことを是非信じなければならないこと。自分の生活全体を谿声山色そのものとするには、出家者は正確に出家すれば宜しく、心さえ正確に出家すれば生死はおのずから谿声山色そのものとなること。それはなぜかといえば出家とは我を放棄して無我になり「本来無我なる谿声山色」と全く等しくなる法だからであること。坐禅谿声山色には認識なるもの無いのだから只管打坐には迷悟無いこと。老師が「悟りをやめたのが悟りである」と言われるのは結局、谿声山色には迷悟はないからであること。老師は「世尊そのかみすでに迷悟を放棄したまえり」と仰せたまえり。

「註」老師は文語体で言われたのではないけれど私は斯う筆記しました。

お釈迦様は晩年九旬雨安居には洞窟に坐禅組まれ、ただ一心に呼吸にのみ注意されておられた。これはお釈迦様は坐禅組まれてただ呼吸のみされておられたのである。お釈迦様のこの坐禅、この結跏趺坐こそ只管打坐の確立である。然も之が只管打坐の古風も古風、最古風なのである。この最古風が西来して達磨大師の九年面壁となり、道元禅師がこの最古風を初めて日本に東伝されたのである。

老師のかかること仰せ給いし信州貞祥寺の夏の参禅会宜しくあるかし。

梅の花のようやく咲きし　昭和五十年四月十日　信州小諸にて

宇宙唯色(むねん)

無所得無所悟(我は出家沙門なりの自覚)にて端坐して時を移さば即ち祖道なるべし（正法眼蔵随聞記）

夕焼(世尊は明星)は夕焼を知らず。しかはあれども夕焼なり。夕焼かくのごとくんば万象は一の夕焼の如し。

夕焼は無念(みほとけ・生命)なり。万象も皆無念なり。古里の夕焼うる和しきは無念の故に、万象うる和しきは〝滅三毒出三界有情非情同時成道草木国土悉皆成仏〟の故に。只管打坐(しかんたざ)は宇宙無念(せいめいみほとけ)を端坐するなり。無所得無所悟は無念の故に、無念は自ずから無所得無所悟なり。宇　宙(仏仏祖祖阿弥陀如来先師老師)は祖の故に宇宙と同参なる只管打坐は祖道(みおやのみち)なり。

〝みおやのみち(諸仏如来仏仏祖祖同道)〟は、我は実には宇宙(われ)にて宇宙(われ)こそは久遠実成の仏。諸仏如来ともに妙法を単伝して阿耨(あのく)菩提を証する単伝妙法はわれは出家沙門の自覚なり。この覚の完全覚は只管打坐、坐相唯色(むねん)なり。

先師曰く、坐禅は対立ではない。対立でなければ唯物(ゆい色)体だ。

又曰く、仏道は坐禅である。仏道とは〝坐禅の形〟が仏であるということを信ずるものである。非思量も坐禅の形が非思量である。

（掛け軸より）

なむ　坐相唯色（あみだぶつ）

坐ハスナハチ
仏行（坐）ナリ
坐ハ即チ不為ナリ　是レ即チ自己ノ正体也
此ノ外（ほか）別ニ仏法ノ求ムベキ無キ也
　正法眼蔵随聞記三ノ一八

坐禅に成り切ったら対立ではない
対立でなければ唯だ物体だ
　澤木興道老師

「唯だ物体」を唯色とし唯色
即唯心とす
非思量（唯色）即唯心（大慈大悲）とす

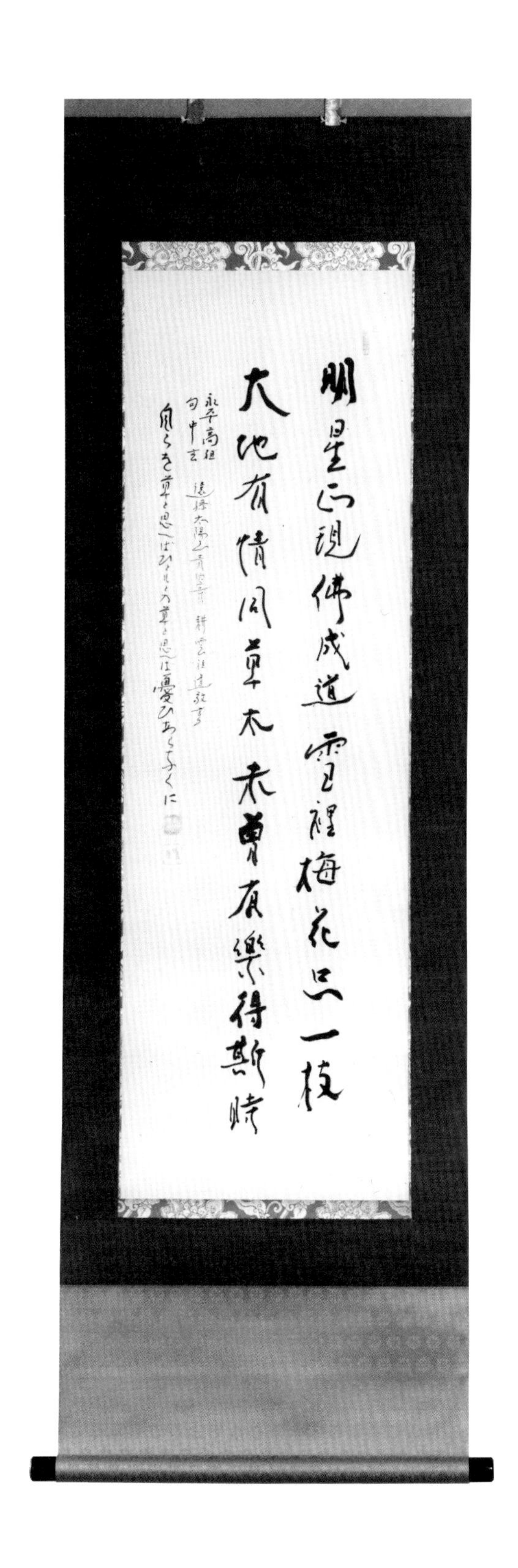

明星正に現じて仏成道　雪裡の梅花只一枝
大地の有情草木に同じ、未曾有の楽、斯の時に得たり
永平高祖　句中玄　遠孫　太陽山青空寺　耕雲祖道　敬書
自らを草と思えばひともとの草と思えば憂ひあらなくに

【参考】

物体は色法だから唯（ただ）物体は唯色である。唯色即唯心、非思量（唯色）即唯心（大慈大悲）とす。

坐相唯色は坐禅の形が仏、非思量、無念無想。

「唯物体」永平高祖の大地の有情草木に同じの意。また如何なるか古仏心――牆壁瓦礫（しょうへきがりゃく）の意。また心如木石の意。また三界の外の意。坐禅に成り切ったら対立ではない。対立でなければ三界の外の意。

「坐禅は三界の法にあらず仏祖の法なり―永平高祖、仏祖の法―「三界の外」即ち出世間法。

「唯物体」は物質的な物体ということではなく心の外のこと、だから人間を超越したもの。五蘊は色受想行識、受想行識は心である。心をなくすわけにはいかない、これをノーカウントにする。色だけにする、形は色、これが宇宙心、無念無想心、大慈大悲心、宇宙唯色―坐相唯色（禅）　只管打坐―唯色打坐。

「みおやの道（宇宙の道）」―宇宙母の情（大慈大悲）（永遠の親心）、キリストの「神は今に至るまで働き給う」。

【参考】

○古代日本の国（魂）は宇宙を天照大神と称え奉り、万象を天照大神の分霊（わけみたま）と直観した。それ故日本の国（魂）は太初より非思量（離念、無念無想）即大慈大悲（母の情、自性清浄の情）なのである。

○古代日本の国（魂）は宇宙を母（情）とし、人類を含めて万象を宇宙母の情とした。これは確かなる超理性法であり、宇宙に到達した魂である。

○宇宙とは人の信仰即情（魂）そのものである。

○魂は男女の差別なく誰の魂でも魂は母である。そして「宇宙即魂」であるから宇宙は母の情（自性清浄の情）である。而してこの情が一切戒の根本である。

○宇宙を人格化して仏とも神とも阿弥陀如来とも観世音菩薩とも祖師とも云うのである。

○坐禅そのものには在家出家の区別はありません。誰が座っても坐禅は出家です。もしも世に「真出家人」ありとせば只管打坐こそ真出家人。

○世尊（お釈迦様）は宇宙をわずかに只管と見給い、坐禅を只管打坐と為し給う。

只管打坐（しかんたざ）

坐相唯色全宇宙量

兀兀（ごつごつ）と坐定して坐相唯色を

思へ坐相唯色非思の量

先師の坐禅何にもならないとは坐禅は

非思の量　全宇宙量

日本の坐禅天壌無窮

永平高祖、私に仰せ給へり。

日本の坐禅天壌無窮かくのごと端坐せば、我東伝普勧の仏祖伝来は日本にとこしなえにあるなりと。

「宇宙永遠の生命（ほとけ）」をお釈迦様は涅槃常住法と言われ、達磨様は自性霊妙常住法と言われ、我古代日本は天壌無窮と直観す。それ故、涅槃常住も自性霊妙常住も天壌無窮も「同一宇宙永遠の生命」である。この故に日本人は「日本の坐禅天壌無窮」と、かくのごと端坐すれば我永祖の東伝普勧したまえる仏祖正伝は永遠に日本から滅びることはないのである。

もし日本がインドや中国をお手本にばかりしておったら、インドから中国から仏祖正伝全く滅んだと同じ轍を踏む。即ち日本からも仏祖正伝亡んでしまうこと明らかである。然し然し「日本の坐禅天壌無窮」と端坐するなら、仏祖正伝日本から滅びること絶対ないのである。正にこの故に今は三世の諸仏も過去七仏も歴代祖師も、日本を唯一のたのみとしておられるのである。

即ち最大一正確なる宇宙直観天壌無窮をたのみとしておられるのである。達磨様が大和の国に来られたという伝説がある。達磨様が大和の国に参られて、片岡山の辺に居られたのを聖徳太子が介抱されたという。是は片岡山の辺に誰かが行き倒れて居たのを太子が介抱されたのが本当で、その行き倒れの人を達磨様と見たのが伝説なのである。

其の伝説の歌、

志なてるや片岡山の飯に飢えてふせる旅人あわれ親なし――太子

いかるがや富の小川のたへばこそ我大君のみ名を忘れめ――達磨大師

これは全くの伝説であるけれども「火のないところに煙は立たない」ので、日本にはかかる伝説を生むだけの力があるのである。達磨様は確かに日本に参られた。我永祖は確かに達磨様の坐禅を日本に正伝された。しかし日本の宗教界の現状は、正に片岡山の辺に飯に飢えている状態である。それを聖徳太子即ち天壌無窮が介抱された。それで達磨様は我大君即ち天壌無窮の御恩は永遠に忘れないとお礼の歌を詠われた。

これは伝説であるけれど、現状は正にこの通りである。それで永祖正伝の達磨禅（仏祖正伝）を護持保任し得る力あるのは、ただ「日本の坐禅天壌無窮」である。「うそから出たまこと」という諺通りこの伝説は正にうそから出たまことである。

涅槃常住（おんめぐみ）のもと涅槃常住（おんめぐみ）の坐禅せんかも
自性霊妙（おんめぐみ）のもと自性霊妙（おんめぐみ）の坐禅せんかも
天壌無窮（おんめぐみ）のもと天壌無窮（おんめぐみ）の坐禅せんかも

「おんめぐみ」のもと「おんめぐみ」の坐禅すれば、万象（宇宙人生）悉皆「オンメグミ」となる。即ち有情非情同時成道草木国土悉く皆成仏となる。この有情非情云々を日本流に言えば、万象は「天照大神」の分霊（わけみたま）であり、天照大神の情の相であり、情の相である。

この故に先師老師曰く「坐禅は天照大神と御一体」と。又曰く「坐禅は一遍で神代時代に帰る法である」と。

「一超直入神代時代」を仏道では「一超直入如来地」と言っているのである。

永平高祖、正法眼蔵随聞記にて仰せ給う。「坐（禅）は仏坐なり、坐は無為なり、これ自己の正体なり、この外別に仏道の求むべき無きなり」と。

この仰せは坐禅は仏坐即ち有情非情同時成道草木国土悉皆成仏で、この成仏は無為法で無常法ではなく常住法であり、これが宇宙の正体で、然もこれが仏道（宇宙道）の全体であると仰せである。

仏道では自己又は我というときは私一個人のことではなく、永遠なる宇宙それ自身を宇宙とも言い宇宙とも言うので、「宇宙こそは自己こそは久遠実成の仏」これを本当の自分というので本当の自分―宇宙それ自身には死というものないのであります。これを不生不滅というのである。

「宇宙こそは久遠実成の仏」には個人（我）はないのだから無我で、この無我を寂滅とも無為法ともいう。

坐禅はこの無我そのもので、この無我を行き着くところへ行き着いたという。行き着くところへ行き着いたことが生をも滅をも滅し終え寂滅なるをぞ楽とするで、仏道では宇宙を「尽十方法界」と言い、これを宇宙―真の自己とするのである。坐禅は真の自己即ち宇宙（無我）そのものである。

この故に先師老師は「坐禅は行き着くところに行きついたものである」と。

そのかみ安泰寺ご提唱中、先師老師曰く「坐禅は人間ではない」と。

［註］人間であることを生物法（生物学法）とし、坐禅は人間でないを超生物法（超生物学法）とすれば、坐禅即ち全

宇宙は超生物法である。この超生物法が有情非情同時成道草木国土悉皆成仏である。そして然もこの有情非情云々が涅槃常住法、自性霊妙常住法、天壌無窮法である。

私「坐禅は人間ではない」をその昔、故里みちのくの山の雉子(きぎす)に教わったのである。

それは昭和九年頃のことである。

その昔山にて坐禅していたら雉子(きぎす)出て来て坐禅をにらみ

今年昭和五十四年、まだ在家の頃、夏近き日、下駄がけで山遊びに行き山で坐禅していたら雉子が出てきて首をしかと立て、ものすごく坐禅をにらんだのである。

それは一羽の尾の長い雉子である。雉子の顔は凄いな、雉子は坐禅を人間とは思わないのだな、石地蔵と思っているのか、昨日までここにこんなもの（坐禅）無かったのに一体これは恁麼(なに)だろう。坐禅をしている私は雉子を見ていないのである。しかし雉子は私の視野にいるのである。私は瞳を動かさず坐禅していたのである。もし瞳を動かしたら雉子は逃げるであろうと思って、雉子が坐禅のすぐ前まで来て首を立てて坐禅をにらんでいたのは一分間位であろうか、二分間位であろうか、私には大分長いような気もしたのである。

もし私がただ山に「立って」いるとしたら、雉子は私を「にらむ」だろうか。いやいやいち早く逃げるに違いない。坐禅なればこそ、細かいかすりの着物のにちりめんの兵児帯をして下駄を坐布として、坐布は下駄でも坐禅なればこそ雉子がすぐ前に来て坐禅をにらんだのである。これは雉子が私に、坐禅は超生物法であることを語ったのである。「渓声山色(きぎす)」自然は我々の本師である故に。

故里乃山の雉子にその昔わがおそわりし坐相みほとけ（万象みほとけ）

【参考】

○坐相その物は人の理智でないこと明らかである。

○坐相その物が「人の完全」であるからこそ雉子はにらむのである。従って宇宙はかくばかり完全なものである。「雉子は坐禅をにらみ」は宇宙も人も実には完全そのものであることの絶対証明である。

○坐相は「宇宙其の物が我は斯くのごときものであると。かく言って人の坐相となって雪山のふもとに降臨した」ものである。かくの如くんば坐相その物こそ全き宇宙法であり、宇宙法であれば一個人又は一国又は一系類に属すべきものでないのである。誰の者でもなくしてこそ宇宙万人のものである。

○古代日本の国（魂）は宇宙を母とし万象を母の情の相と直観し、国造りをしたのである。即ち日本の国（魂）は宇宙の国（魂）であり母の国（魂）なのである。

○聖徳太子が「日出る国の天子日没する国の天子に書を致す」と仰せられたるは、大和の国、宇宙の国なる自覚であらせ給う。

○お釈迦様が「我に正法眼蔵涅槃妙心有り。摩訶迦葉に付属す」と、この正法を摩訶迦葉に伝え、それから阿難陀とだんだんに伝え二十八代達磨大師に至った。そして達磨大師が中国に伝え中国の初祖となった。そのお釈迦様が摩訶迦葉に授けたのがこの達磨様の［一心戒文］である。この一心戒文は宇宙（仏性）を異なる十の方面から戒をもって説いたものである。それ故に一戒の中に他の九戒が含まれているのである。

○自性霊妙

　不可得の法中において可得の念生ぜざるを不偸盗戒と名づく。

[註] 可得の念を起こすものは智（理性）に限る。情は情自身にては可得の念を起こすことなし。これ故に唯情が真の只管法なり。

○無所得無所悟にて端坐して時を移さば即ち祖道なるべし　正法眼蔵随聞記

　禅戒一如　只管打坐（坐禅）即仏戒

○祖道は日本流に言えばみ親（おや）の道（宇宙母の情、自性清浄の情）、「宇宙母の情（なさけ）」の故に宇宙万象を「おんめぐみ」と信仰することが出来るのであります。そして「めぐみのもと」を生きる、生活する、之が信仰である。又この自性清浄の情が戒を護持するのである。

ちなみに達磨様の一心戒文、

自性霊妙　常住の法中に於いて、断滅の見を生せざるを、名づけて不殺生戒と為す。

自性霊妙　不可得の法中に於いて、可得の念を生ぜざるを、名づけて不偸盗（ちゅうとう）戒と為す。

自性霊妙　無著の法中に於いて、愛著の見生せざるを、名づけて不淫欲（いんよく）戒と為す。

自性霊妙　不可説の法中に於いて、一字を説かざるを、名づけて不妄語（もうご）戒と為す。

自性霊妙　本来清浄の法中に於いて、無明を生せざるを、名づけて不飲酒（おんじゅ）戒と為す。

自性霊妙　無過患の法中に於いて、過罪を説かざるを、名づけて不説四衆過罪戒と為す。

自性霊妙　平等の法中に於いて、自他を説かざるを、名づけて不自讃毀他戒と為す。

自性霊妙　真如周遍の法中に於いて、一相の慳執を生せざるを名づけて不慳貪戒と為す。

自性霊妙　無我の法中に於いて、実我を計せざるを、名づけて不瞋恚戒と為す。

自性霊妙　一如の法中に於いて、生仏の二見を起こさざるを、名づけて不謗三宝戒と為す。

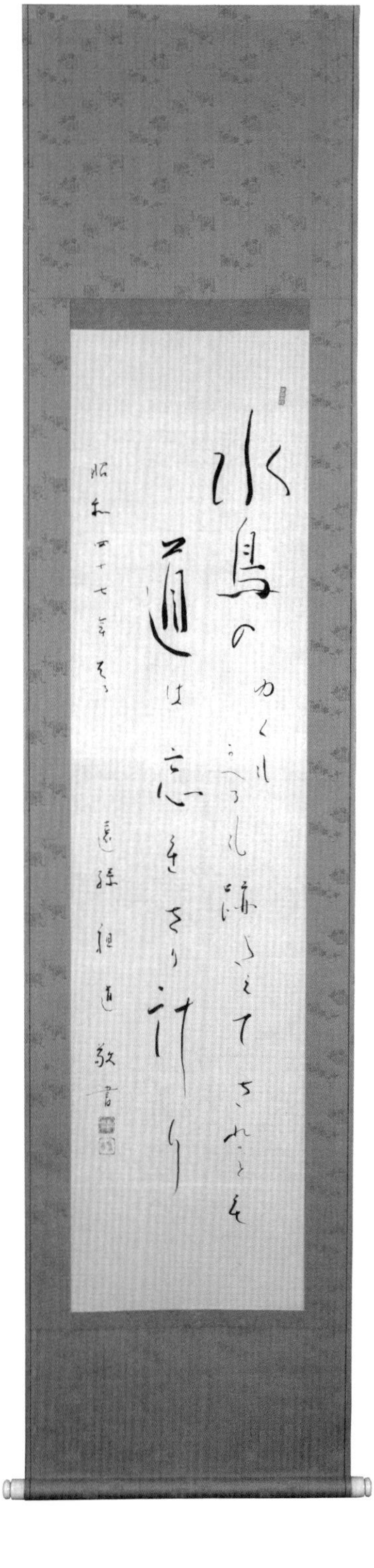

水鳥のゆくもかえるも跡たえてされとも
道は忘れさり計り
昭和四十七年なる　遠孫　祖道　敬書

註：道元禅師傘松道詠より

なむ天地悠久（きえぶつ）

夕焼は夕焼を知らず、然はあれども夕焼なり。夕焼かくの如くんば万象は一の夕焼の如し。夕焼無我、万象無我（註　無我が仏）。

「夕焼は夕焼を知らず」のこの不知が無我。そして山は山を知らずに山であるということは、山は全く山に成り切っている状態であります。たんぽぽは自分はたんぽぽと知らずにきれいに咲いているのは、たんぽぽはたんぽぽに成り切っている状態で、万象は各々皆自己に成り切っているのであります。

仏道はこの無我をお手本として自分も無我になる法であるから、自分も無我となるには是非とも自分に成り切らねばならないのであります。其れで先師曰く「自分が自分に成り切ったら成仏」と。

無我になればおのずから天地悠久―永遠無限仏となるのであります。この状態が天地同根万物吾と一体、有情非情同時成道草木国土悉皆成仏。禅は又この状態を一口に香霞千里とも表現しています。香霞は仏さま、千里は一切皆仏さまの意。仏道は信仰ですから信仰の立場からいえば、自分が自分に成り切ると言うことは「なむ天地悠久仏」であります。この時、仏に帰依することは仏でなければ出来ないのです。それなのに人はなぜ仏に帰依することが出来るのか。先師曰く「人は実には仏である。天地悠久仏と一体である」。天地も仏、吾も仏、これが本来の面目であります。

本来の面目―天地も仏、吾も仏、が仏道。故に仏道は唯仏与仏―仏と仏、ただ仏のみなり、これが唯有一乗法無二亦無三なる法華経であります。「仏」これをある面から一般的に言えば一の正義というものであります。仏道ではこの正義を戒法というのであります。

仏祖正伝は戒即禅、禅即戒で禅戒一如であります。正義の為に自分を捨てればかえって死なないで「永遠の生命をうる」という、これがイエスキリストの教えであり、お釈迦様の悟りであり、又日本精神（日本の悟り）なのであります。そうすれば日本精神で仏道を学べば、必ず仏道却って本当の仏道になってくるのであります。

一般に仏道が概念的になっているのは、日本人でありながら日本精神なしに仏道にたずさわっているからのように思われます。先師から伺ったことでありますが、永平高祖が鎌倉に半年ご滞在の折、時頼殿に大政奉還されるよう強くすすめられた由。当時、最明寺殿に直接大政奉還すすめえた人物ありえたでしょうか。私はここを思うとき永平高祖は大和島根のをのこ中のをのこに存し給ひき、まさにをのこ中のをのこと信じざるを得ないのであります。永祖は日本精神を「仏道一本立」になされしにあらざるか、永祖の仏道に対するお心持ちは全くの忠義心で、仏道の忠臣たちが歴代祖師に存ししが如し。

私、昭和二十四年八月から三十二年三月迄、京都安泰寺で先師のご提唱伺いました。先師は安泰寺でこうご提唱されたことありました。

「『天照大神』『天壌無窮』こういうものなければ、日本人は自分の煩悩の始末がつかない。始末がつかなければ六道輪廻するより仕方がない。日本人が仏道を学ぶと言うことは、『皇祖皇宗の遺訓』を自分の生活にいかに実現するかということなのだ。如何なる時代でも我々の生活は『これを古今に通じてあやまらず、これを中外にほどこしてもとらず』

―こういうものでなければならない。坐禅は天照大神と一体、天壌無窮と一体、と。

［註］天壌無窮―仏道なら涅槃常住、涅槃常住を日本流にいえば天壌無窮。

坐禅は一応自分が坐禅するのですから、どうしても自分が坐禅しているという思いが先立っているのですけれど、実は天地悠久そのものが坐禅（天地悠久）しているのであります。坐禅は天壌無窮と一体なら坐禅は天壌無窮そのものであります。坐相降臨は天壌無窮が今ここに天壌無窮している意。無相「天地悠久仏（ほとけ）」は無限はどれほど無限なのか、はっきり認識（きまり）つけること出来ないから相（きまり）の無いもの―それで無限は無相なのであります。

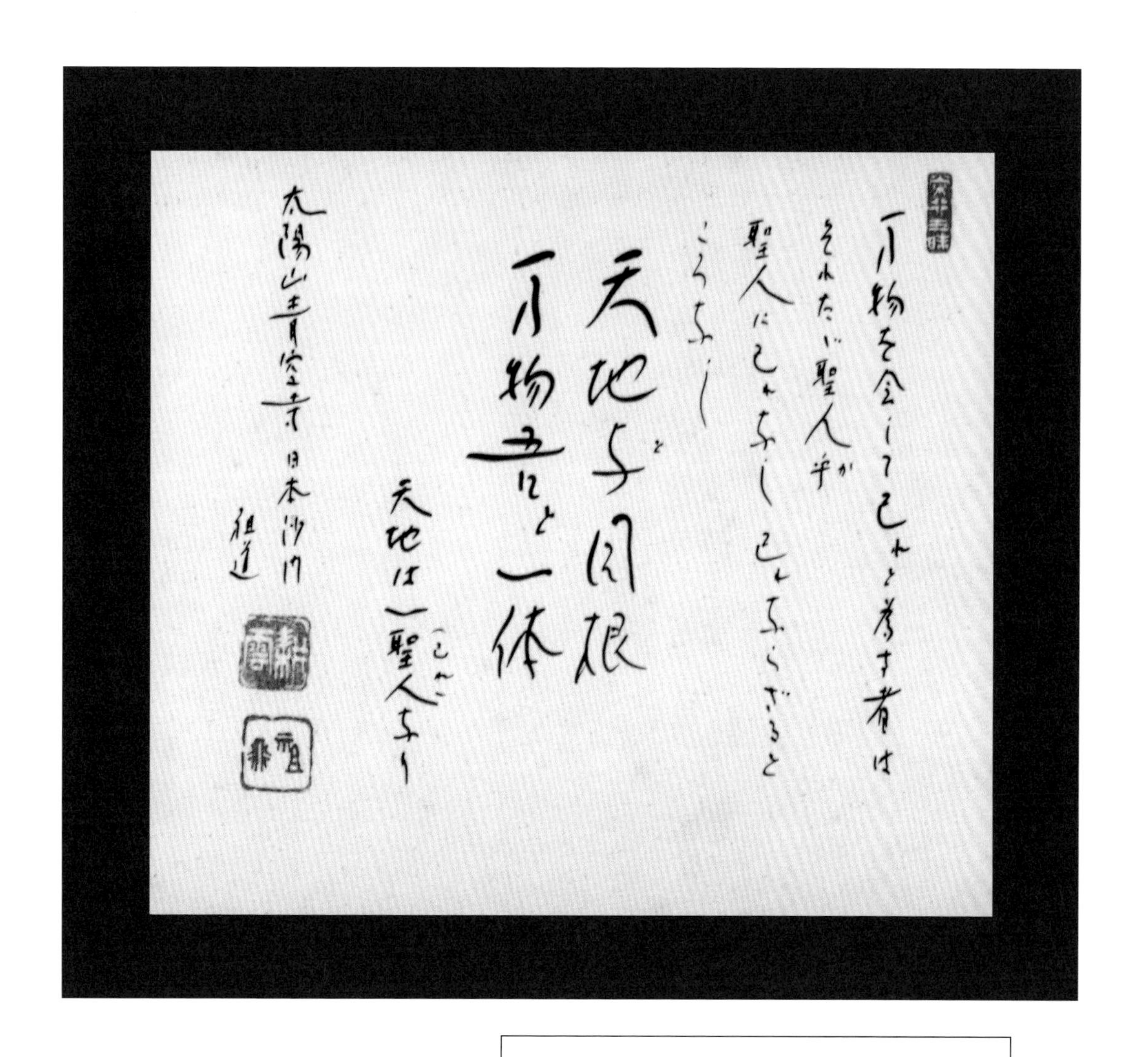

万物を会して己れと為す者は
それただ聖人か
聖人に己れなし己れならざると
ころなし
天地と同根
万物吾と一体
天地は一聖人なり
太陽山青空寺　日本沙門
祖道

注：「万物を会して……
…………………
万物吾と一体　」
ここまでは
肇法師の言葉
「天地は一聖人なり」
は横山老師の言葉

宇宙、仏道、坐禅（只管打坐）、信仰

◯そもそも地球は立派な一つの天体（宇宙）でありますから、地球上の一切の現象は人類を含め皆天体（宇宙）現象であります。天体現象であってみれば一切がそれぞれそのまま天体それ自身です。宇宙それ自身です。このことを仏道では有情非情同時成道草木国土悉皆成仏と言っています。

◯我こそは久遠実成の仏である。このことを知らすのが、仏出世の本願なのである。即ち我は実には宇宙にて宇宙こそは久遠実成の宇宙である。

◯仏道では自分或いは自己或いは我と云う時は全宇宙即ち「全宇宙」のことで、これは仏道の常識とも云うべきものであるけれど、一般世間で自分、自己、我と云う時は単に一個の自分を云うのである。然るに仏道即ち実際の宇宙には自分という思い（観念）は実にはどこにもないのであるから、宇宙の立場から見る場合、自分なるものは生まれていないのである。不生なら当然不滅なのであります。

◯空、無我、只管、非思量、絶対、無限、無始無終、戒、大慈大悲、神、仏、阿弥陀如来、観世音菩薩等々、皆宇宙を表現した言葉です。

◯仏道では地球上の一切の現象は宇宙現象なので、人間現象ではないのである。生死も宇宙の生死であり人間の生死ではないのである。其のことを不生不滅というのである。

◯「自分は宇宙それ自身であるから、決して死ぬことはない」。このことを本当に信じることが仏道なのである。

○自分が生きていると思っている時は欲の世界におり、宇宙が生きていると自覚した時、無欲の世界に入るのである。
○本来、人間も宇宙それ自身であるから、宇宙に帰らなければ真の安心はないのである。
○宇宙とは人の信仰、即ち情（魂）そのものである。宇宙は人の「本心」であります。
○信仰とは宇宙を信仰することです。信仰家とは宇宙家のことです。
○信仰とは自分の力によって行っているのではなく、宇宙の力によって行っていることを信じるのである。草笛を吹くと音が出るのも、宇宙の組織がそうなっているから音が出るのである。イエスキリストはそこを「神の許しなければ」と表現したのである。
○信仰とは宇宙と一体になる法、宇宙本来相それ自身のことである。
○理性さえなかったら人類そのまま宇宙法なのである。
○人間としては「めぐみのもとめぐみの坐禅せんかも」と宇宙の完全《ミヤビ》（宇宙母の情）を信じて行くのが情であり宇宙の姿である。
○いかなる人も無憂に住するには、世の中はどうでも「宇宙人生は一の夕焼の如し、夕焼うるわしきが如く宇宙人生もうるわし」と絶対の宇宙の完全《ミヤビ》（親心、大慈大悲）を信じなければならない。めぐみ《親心》のもとを生きる生活する、之が信仰である。
○仏道とは宇宙道即ち本来自分が宇宙（無我、永遠の生命、非思量、大慈大悲）、それ自身であると自覚して、そこに生きる法である。
○ものの見方を百八十度回転しなければ仏教はわからない。即ち人間の世界（相対の世界）から見るのではなく、自然《非思量》（絶対の世界）から見るのである。人間が見ると何でも価値意味を付けたがるものである。自然から人間生活を見れば、何の意味も価値もない。人生に価値意味をつけないのが無煩悩なのである。ただ人間という自然がこうしておるのである。

○仏法の原則は前に物がないこと即ち相対の見、能所のないこと。

○仏道は人間をやめることである。自分を宇宙それ自身であると信じるのである。一般の宗教は自分を常に問題にしている。自分を問題にすれば苦悩からの解脱などあり得ない。坐禅を無我、無念無想と信じて、この身を坐禅に投げ入れてしまうことである。

○自分のために何かになるなら、それは宇宙法ではない。自分の為に何にもならない時、宇宙法になる。

○「我」を破ることが修行であれば、あらゆる生活が修行となってくるのである。

○修行とは仏性を顕現することである。

○人間にとって、この身を捨てるものがあることが、一番幸福なことなのである。子供の為に、社会の為に、国の為に、仏道の為に、この「何々の為に」ということがなければ無我にもならないし、また幸せにもなれない。

○命の捨て場がなければ自分の決着はつかない。民主主義は「自分」をテーマとしているから、民主主義によっては決して自分の決着はつかない。個々人が自分を主張すればするほど、世の中は住みづらくなるのである。

○自分が修行してよくなるとか、どうにかなるとかいうのでは仏道にはならない。自分はどうでもよいから、仏道のために尽くすというのが仏法である。

○仏道はものに成り切る法である。自然は皆そのものに成り切っている。其の自然をお手本として自分も自分に成り切りさえすればよいのである。悟りとはものそのものに成り切ることであるから「俺は悟った」

と言えないのである。

○仏道は無罪法である。本来罪を受けるべき自分がないのが仏の教えである。ただ業の流転だけがあって「誰」ということはないのである。自分があれば罪を作らざるを得ないのである。坐禅したら無我だから罪というものはないのである。

○偽りの自己を捨てて真の自己（宇宙それ自身）に親しむことが仏道。

○この自分が自分でない（無我）と見るのが仏道。

○マムシが嫌だと言うのではなく、マムシにかまれないように注意するように、煩悩が嫌だと言うのではなく煩悩に騙されないように注意することが仏道である。

○お釈迦様の教えは煩悩を取ると言うより煩悩を使わない教えである。「煩悩を実行すればそこに苦悩が生ずる」とお釈迦様は説かれた。

○見道しても悟っても煩悩が取れるものではない。煩悩がなくなっては面白くない。煩悩はエネルギーである。この煩悩を仏道に注ぎ込むのである。

○欲法では決して満足することはない。無欲（少欲知足）の一手しかない。

○仏道は自分を尊ぶ法である。自分を拝むことの出来ないものは仏を拝むことは出来ない。

○仏道はいつでも不二でなければならない。ものが二つあることはない。凡夫を離れた仏もないし、仏を離れた凡夫もない。然し凡夫は凡夫であり、仏は仏である。

○古代大和の国（魂）は宇宙を天照大神と称え奉り、万象を天照大神の分霊（わけみたま）と直観した。即ち宇宙万象を天照大神（大慈大悲、母の情、自性清浄の情）と宇宙を信仰したのである。

○大和島根のをのこに存す我が老師の坐禅は信仰の坐禅であり必ず情（ミヤビ）の坐禅であります。安泰寺のご提唱に老師の語るらく仏道は坐禅である。坐禅の形が大切なのである。仏道とは坐禅の形、坐相が仏であるということを信仰するものである。又語るらく、坐禅は天照大神様と続きである。

信仰は情であるが故に坐禅も老師の信仰によりて従来の理智を一超し、理智の源としての仏教なる理智の坐禅から、情の泉としての坐禅となったのであります。坐禅と宇宙とは合同であるから、これで宇宙も人の尊き信仰となり、美わしの情となり、宇宙は人の情（ミヤビ）の泉となったのであります。仏道は理智であっても坐相その物は理智ではありません。宇宙（坐相）は人の尊き信仰でありうるわしの情であり人のよろこびであります。しかも雉子（きぎす）が坐禅のすぐ前に立って坐禅をにらむというくらい、この宇宙は完全（ミヤビ）なものであります。

［註］この宇宙の完全（ミヤビ）を人格的に神とも仏とも云うのである。

○坐禅坐相は「宇宙其の物が我は斯の如きものであるとかく言って、人の坐相となって雪山（ヒマラヤ）のほとりに降臨した」ものである。宇宙降臨―坐相降臨――坐相みほとけ。

○キリストには天の父（神は愛なり）の降臨。この降臨が坐相みほとけ。

○神は神の形のごとく人間を作り給えり。その形が坐相みほとけなのである。

○坐禅は非思量即大慈大悲即仏戒の顕現である。

○宇宙は母の情である。この母の情の顕現が家庭相、和合相、神聖法となるのである。

○宇宙は家庭相、和合相、神聖法であるから、坐禅は家庭神聖の降臨である。これが坐相みほとけ。

○只管打坐とは「坐禅は絶対に坐禅それ自身であって、坐禅をしてそれから何かになるのではなく坐禅をすればそれは坐禅そのものであり、坐禅以上でもなく坐禅以下でもない丁度坐禅」の意である。宇宙は皆この公式なのである。

◯「なんでもそのものがそのものである」これを宇宙と云う。それ故、日本人は日本人にならなければ宇宙にはならない。出家は正確に出家しなければ宇宙にならない。

◯大和の国はみやび（情）の国であるから、坐相を是非みやび（情）法としなければ大和の国の成仏とならない。

◯「ただ」しただけが宇宙法、宇宙は只管（ただ）なのである。坐禅は只管打坐、ただ座る坐禅。

◯凡夫の自覚が生ずれば決して凡夫の行為はしないものである。凡夫の自覚に徹すれば仏になる気持ちも起きないから、坐禅が坐禅になる。坐禅が坐禅になれば「成り切ったら成仏」で仏である。

◯坐禅は「坐禅をすれば宇宙人生（凡夫）がそのまま生き生きした宇宙人生（久遠の姿）である」というのが坐禅成仏であります。宇宙人生といえばたいしたもののように人は思うけれど、世尊は三界（宇宙人生）は自性有漏法と申されました。然らば坐禅（坐相みほとけ）がなければ宇宙人生は永遠の有漏法即ち迷いであります。もし悟りというものがあらば、この宇宙人生は実にも永遠の迷いであると言うことを悟るのであると同時に、坐禅をすればこの永遠の迷いがそのまま本来相、永遠の相（すがた）であったということを悟るのであります。畢竟坐禅は凡夫のまま成仏と知って「坐禅をすること」が悟りなのであります。もう一度言えば「宇宙人生（凡夫）即宇宙人生（久遠の姿）なる従劫至劫の見果てぬ夢、夢やうるわしいが情の坐禅で、然も凡夫のまま成仏とは日の本は日の本のまま、各国は各国のまま坐禅をすれば成仏、之がそもそも坐相みほとけであるという意味であります。

◯坐禅必ずしも仏祖の法のみでない。坐禅必ず万人の法である。坐禅は宇宙法であり、宇宙独立法である。

◯色法も心所法も一切万象皆図形である。この中で坐相に勝る図形はないのである。これだけが真の宇宙相である。坐相相応の心所法（大慈大悲）これだけが真の宇宙相である。

◯A坐相降臨　B家庭神聖の自覚　C万象非思の量（めぐみのなみ）、この三つを持てば、完全なる宇宙に到着したのである。

坐相降臨
安(あ)さ万(ま)ね近きさとにて
祖門山興道精舎堂守　祖道敬書
（註　澤木興道老師の号は祖門）

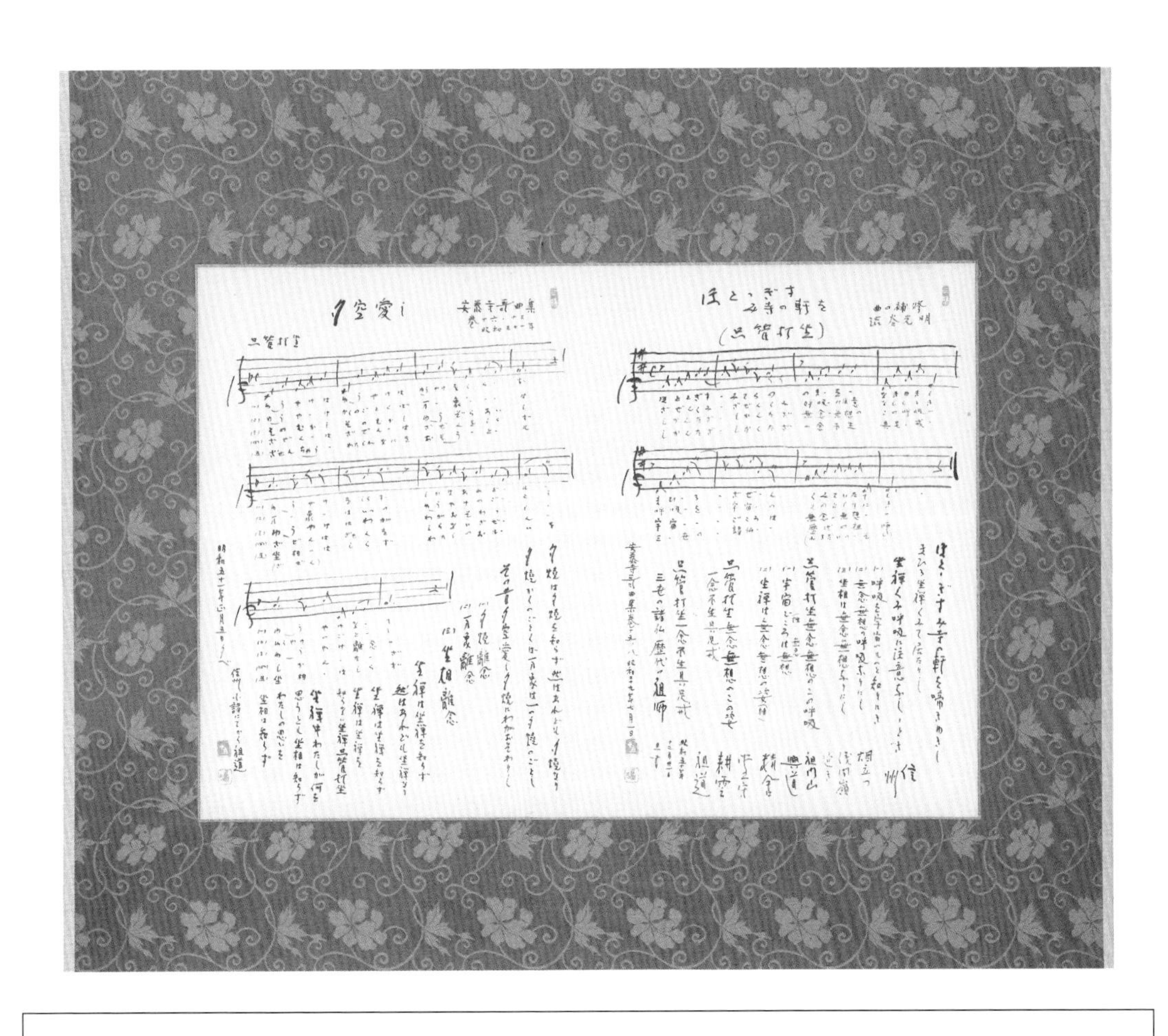

ほととぎすみ寺の軒を（只管打坐）
ほととぎすみ寺の軒を啼きゆきし
まひる坐禅くみて居たりし
坐禅くみ呼吸に注意なししとき
（一）呼吸を宇宙のものと知りにき
（二）無念無想の呼吸なりにし
（三）坐相は無念無想なりにし
只管打坐無念無想のこの呼吸
（一）宇宙ごころ（性）は無念無想
（二）坐禅は無念無想の姿（相）
只管打坐無念無想のこの姿
一念不生具足戒
只管打坐一念不生具足戒
三世の諸仏歴代の祖師
安泰寺歌曲集巻十五ノ八昭和二十九年七月一日
信州烟立つ浅間嶺近き　祖門山興道
精舎堂守　耕雲祖道　昭和五十年十二月三十一日

夕空愛し
一夕焼は夕焼を知らず然はあれども夕焼なり
二夕焼かくのごとくば万象は一の夕焼のごとし
三その昔夕空愛し夕焼にわがおそわりし
（イ）夕焼離念
（ロ）万象離念
（ハ）坐相離念
四坐禅は坐禅を知らず　然はあれども坐禅なり
五坐禅は坐禅を知らず坐禅は坐禅を知らない
坐禅只管打坐
六坐禅中わたしが何を
思うとも坐相は知らずわたしの思いを坐相は知らず
昭和五十一年正月五日夕べ信州小諸にてかく　祖道

風雅

○日本の国（魂）は太初から宇宙万象を非思量（無念無想、離念）即大慈大悲（母の情、永遠の親心）と観たのである。その上、日本の魂芭蕉は「万象は風雅なり。この風雅は仏祖の肝胆なり」また「景は情なり」と申しましたから非思量（景）即大慈大悲（宇宙の情）は簡単に成り立つのである。

○古代大和の国の魂（情）超理性法は宇宙万象を風雅と観たのである。それ故古代大和の国（魂）は宇宙の国（魂）、風雅の国（魂）なのである。

○大和の国（魂）は宇宙風雅の故に国風雅、この風雅（みやび）の故に和歌（よろこび）自ずから備わるのである。

○日本の国（魂）は古里の夕焼うる和しきがこと万象うる和しと国（宇宙）しのびをする。

○「宇宙は風雅」なる立場から物を唯それを風雅にしただけでなく宇宙法になる。

○形あるものを色となす。私は心も形あるものとす。歌人は必ず心を形あるものとなし、これをも色法となす。即ち心所法も色法となす。歌人には色法ならざるなし。諸々の心に形なくんば歌人にはおもいをのぶる由なし。歌人の「歌を詠む」はおもいに形あればこそ。されば念を客観し、念を離念となすことを得。

—万象唯色（姿（形））、宇宙唯色、唯色即唯情（自性清浄の情）。

○魂（情）のうごきは雅（うた）にて、これが宇宙のうごき、この宇宙のうごきを雅（うた）という。

○日本武尊さまの国しのびの歌

大和は国（くに）のまほろば（真本）たたなづく青垣山籠れる大和し美し

芭蕉はこの国しのびの伝統を受けています。国しのびの伝統を受けるとは、自分が物いえば必ずそれによって、国が世の中が世界が宇宙がうるわしくなるように物言うことであります。

○坐相みほとけを知ってそれをやるのは宇宙なるものがそれをやるのである。之が情の泉としての坐禅である。理知の泉としての仏道が膨大なる一切経を作るなら、情の泉としての坐禅が日本武尊さまのくにしのびの伝統を受けて、大和の国を、家庭を、社会を、世界を、宇宙をうるわしくする仕事にたずさわるべきである。

○宇宙は風雅の故に、宇宙と一体の坐禅坐相は風雅離念の極致、また風雅唯色の極致である。—坐相みほとけ。

○坐相は芸術それ自身である。坐相は呼吸している彫刻です、絵です。—坐相みほとけ。

○同一人間に異なる二つの面がある。理性と情と、人間にこの二面あれば宇宙人生（万象）は人の情ともなり理性ともなり得る。理性で万象を見れば万象も科学哲学等学問の対象となる。情で見れば風雅信仰等となる。

○仏道（智の坐禅）を大和の国（情の坐禅）のものとした最初の人は良寛さまである。

一　智の歌　**春は花夏ほととぎす秋は月冬は雪ふり涼しかりけり**（きびしかりけり）

二　情の歌　**形見とて何か残さん春は花夏ほととぎす秋はもみじば**

注：本歌は「形見とて何か残さん春は花山ほととぎす秋はもみじば」

二の歌は一の智が完全に情に変わっているのである。良寛さまは大和の魂の代表者である。良寛さまの情が家庭の情なのである。それ故良寛さまを思えば心が和むのである。

○人を悪者にしては人生にならない。又歌にならない。理性では歌は作れない。私は万象（宇宙人生）を題知らず詠み人知らずの歌と言った。人を良いものにする。これは人の最も精神の高いもので、私はこれを歌の世界、南無観世音の世界と云う。

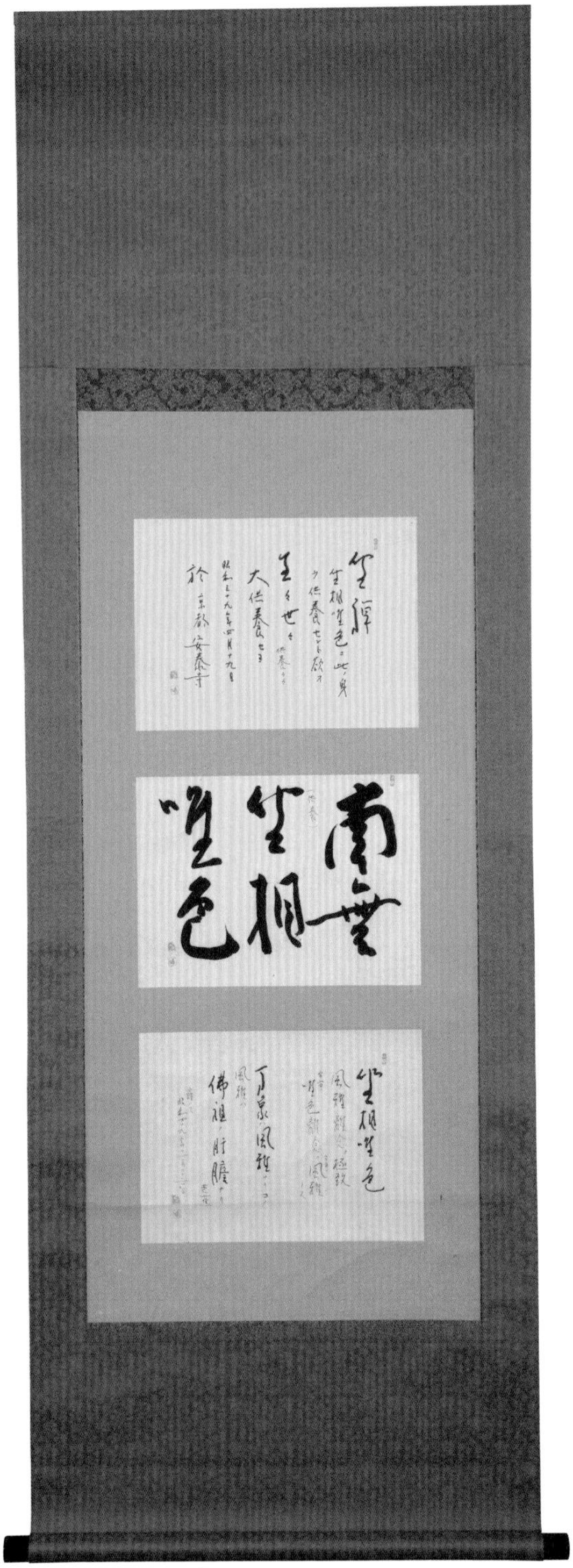

坐禅

坐相唯色に此の身
を供養せんと欲す
生々世々供養
大供養せよ

南無
坐相
唯色

坐相唯色

風雅離念の極致
宇宙の唯色離念を
宇宙の風雅とす
万象は風雅なりこの
風雅は
仏祖の肝胆なり
——芭蕉

昭和二十九年四月十九日
於　京都　安泰寺
小諸にて
昭和四十九年十一月二十六日

托鉢にいでてゆきつつトラックに我かけられし我裾のどろ

雨上がりの秋の朝、托鉢にいでてゆきつつ鷹ヶ峯の道、松野さん（お醤油屋）の前でトラックにすっかりどろをかけられた。トラックは人にこんなにどろをかけても、ごめんやすとも何とも云わずに行ってしまう。実に不都合だとはらだたしくなり、どろだらけの裾を見て、私思わず「トラックの我にかけたる我裾のどろ」と云った。歌からすればこれで半分以上歌になっているのである。そうすると私はすぐ三十一文字になるのであるがおかしい、すぐ歌にならない。

やや歩いてゆくとやぶの前に一軒お店がある。其の前通るとき「そうだ、これはトラックを悪者にしているから歌にならないのだ。私がわるかったのだ。よけどころがわるかったのだ。それでどろかけられたのだ。これはトラックの我にかけたるではなかった。トラックに我がかけられし我裾のどろだった」と気付いたら、そのまますぐあり目通りの歌となった。

全く何の技巧もいらない「托鉢にいでてゆきつつトラックに我かけられし我裾のどろ」。私とてもうれしくなって、始めこれではとても京都の町へ下りてゆけないと思った我が裾のどろも、何でもなくなった。どろはひとりでに乾く、そして托鉢しているうちにどろはひとりでにおちてしまうだろう。他を悪者にしたら歌にならない。人生にならない。これがはっきりしてうれしく、こころいきとなり、私いそいそと千本北大路（電車通り）へ下りて行った。

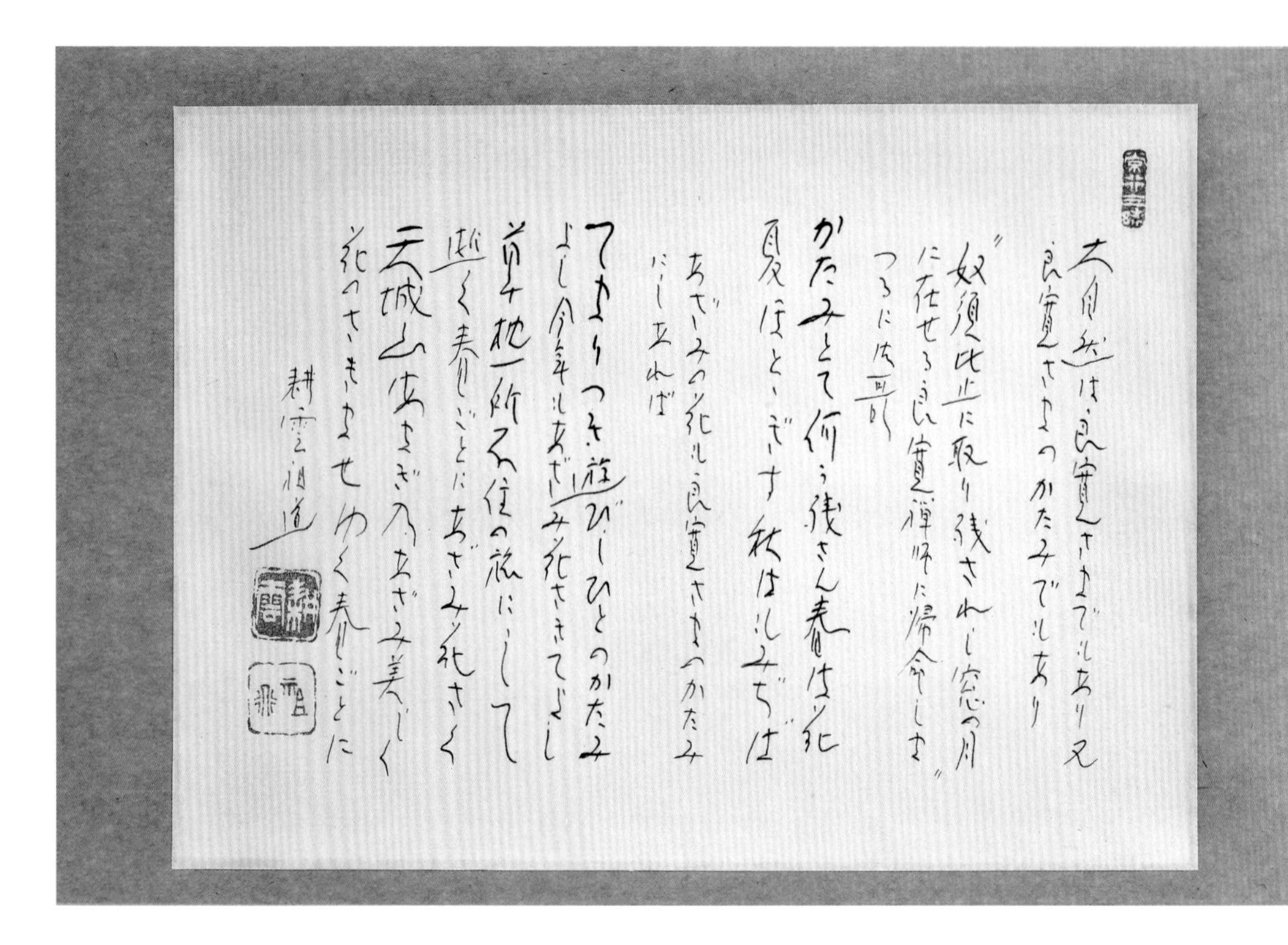

大自然は良寛さまでもあり又
良寛さまのかたみでもあり
〃奴須比止に取り残されし窓の月
に存せる良寛禅師に帰命しま〃
つるに　御哥
かたみとて何か残さん春は花
夏ほととぎす秋はもみぢば
あざみの花も良寛さまのかたみ
にしあれば
てまりつき遊びしひとのかたみ
よし今年もあざみ花さきてよし
草枕一所不住の旅にして
逝く春ごとにあざみ花さく
天城山安まぎ乃あざみ美しく
花のさきませゆく春ごとに
耕雲祖道

大自然は良寛さまでもあり又
良寛さまのかたみでもあり
〃奴須比止(ぬすびと)に取り残されし窓の月〃
に存せる良寛禅師に帰命しま
つるに　御哥

形見とて何か残さん春は花
夏ほととぎす秋はもみじば

あざみの花も良寛さまのかたみ
にしあれば

てまりつき遊びし人のかたみ
よし今年もあざみ花さきてよし

草枕一所不在の旅にして
逝く春ごとにあざみ花さく

天城山安まぎ乃あざみ美しく
花のさきませゆく春ごとに

耕雲祖道

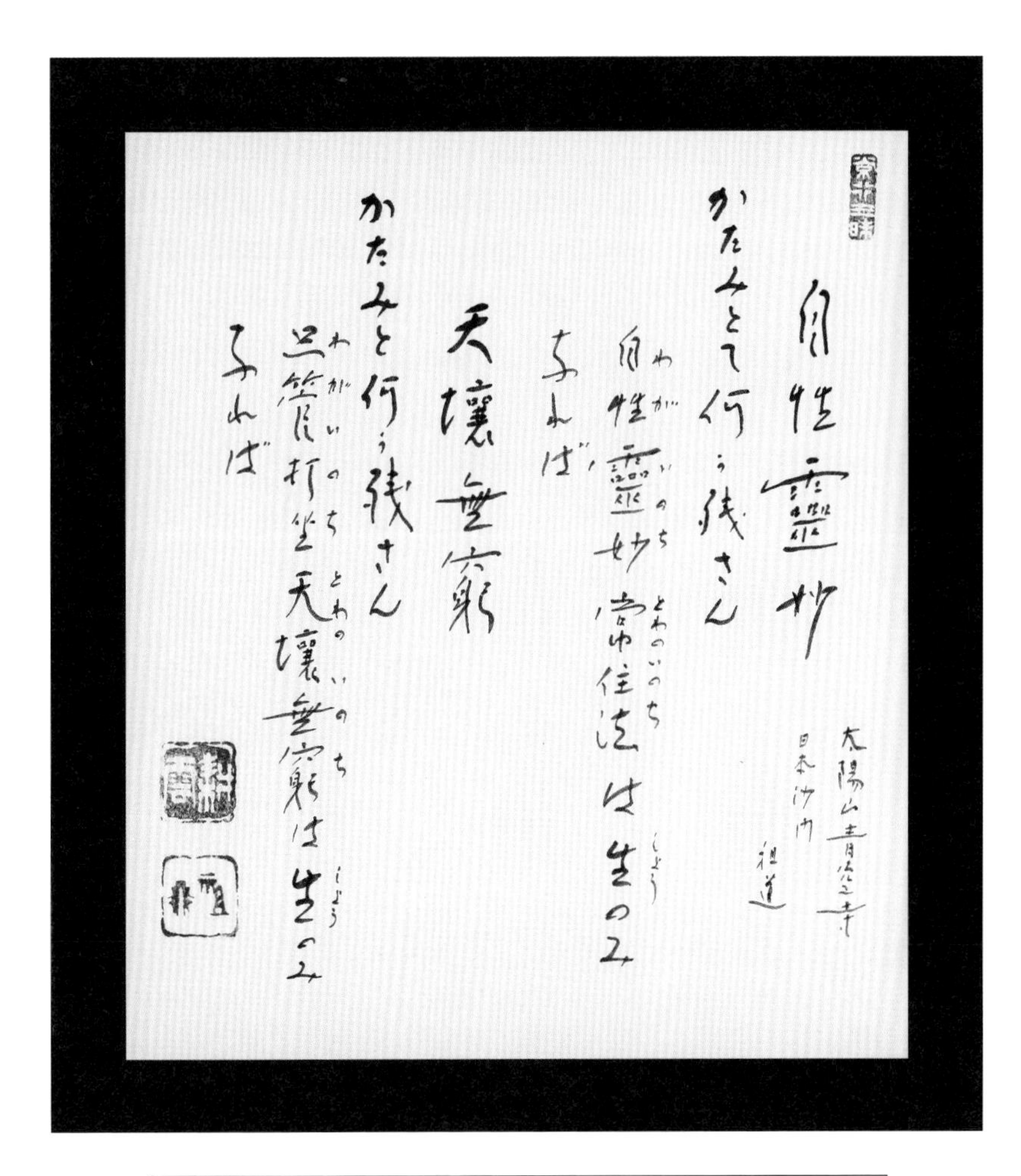

自性霊妙

太陽山青空寺
日本沙門　祖道

かたみとて何か残さん
自性(わが)霊妙(いのち)常住法(とわのいのち)は生(しょう)のみ
なれば

天壌無窮

かたみとて何か残さん
只管打坐(わがいのち)天壌無窮(とわのいのち)は生(しょう)のみ
なれば

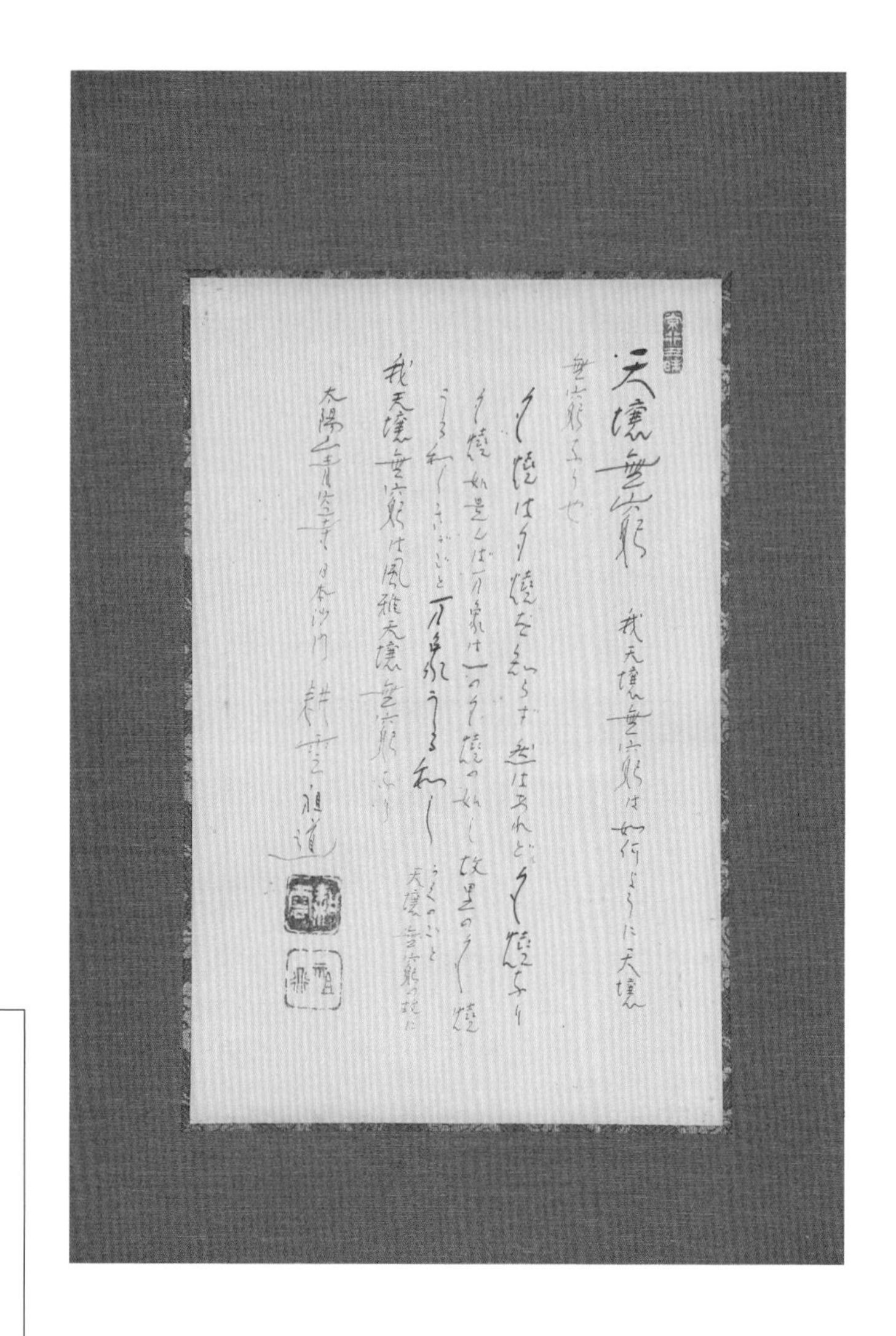

天壌無窮　我天壌無窮は如何ように　天壌
無窮なりや
夕焼は夕焼を知らず　然はあれども　夕焼なり
夕焼如是んば万象は一の夕焼の如し　故里の夕焼
うる和しきがごと万象うる和し　天壌無窮（かくのごと）の故に
我天壌無窮は風雅天壌無窮なり
太陽山青空寺　日本沙門　耕雲祖道

生活、人生

○人生の目的は永遠の生命（大慈大悲、自性清浄の情、無念無想）がここにこうしておるのだ。と自覚することである。

○この生活（人生）は自分が生きているのではなく、このような個性を持った宇宙が生きているのだと自覚することが人生の目的なのである。

○自分の生活が自分の生活でなく宇宙の生活なのだから宇宙の生活は無我なのだからそこをはっきりわかって無我の生活をすればよい。

○人生即ち生死は本来人間の法ではなく宇宙の法で、生死は細大もらさず悉皆宇宙のかたより行われているもので本来成仏法、娑婆即浄土法である。自分の生活は本来成仏法で満足法だから人は人より偉くなったりしようと思う必要はないのである。この故に道元禅師は群（ぐん）を抜けて益なしと仰せ給う。

○本来人生そのまま永遠の姿なのである。然し人生において人間に間違いがある。間違えさえ取れば本来の只管法（宇宙法）となる。この間違いを取るのに世尊の戒が是非必要なのである。人間のこの間違いを世尊は無明と言い、キリストは原罪（禁断の木の実、理性を食べた）と言った。私は「我々は古代日本の超理性宇宙母の情（自性清浄の情）、この魂を持ちながらこれを知らない」と言う。これを無明とする。

○本来人生そのまま永遠の姿なのである。この永遠の姿これが神聖なる家庭相それ自身なのである。

○人間だけが自分が生きていると思っているが、実際は一切が宇宙現象で、宇宙それ自身が生きているのである。そこがわかれば今すぐここが涅槃である。本来の人生そのもの、それを涅槃（只管）という。
○人間には物を認識した欲がある。この認識欲がある為に、無我ということがわからないのである。
○自分が凡夫であることを自覚しないのも宗教的には「バカ」であり、自分が仏であることがわからないのも宗教的には「バカ」なのである。仏教では凡夫と仏を切り離すことは出来ないのである。凡夫ぎりの凡夫もなければ仏ぎりの仏もない。然し凡夫は凡夫で仏ではない。
○自分はどんなに妄想妄念で凡夫であっても、本来は仏であると信じて仏行をするのである。
○凡夫である自分がわかればわかるほど、坐禅が安楽の法門であることがよくわかる。
○科学は宇宙の法則を知って、それを人間の為に役立たせてきた。それが今の文化である。それ故宇宙には本来ないことをしているので、宇宙が乱れるのも無理はないのである。宗教は宇宙の法則を人間の為に利用するのではなく、宇宙の法則に従って生きて行くのである。
○人間は真に苦悩の塊である。この苦悩を如何にしようとするのかが宗教である。苦悩は分別の中にある。人もし分別を超えることが出来ないなら、人間真に苦悩の塊である。この分別を超えるには（超えるは捨てるにあらず、人間分別を捨てることは出来ない）是非とも無分別世界を信じるよりしかたがないのである。
○人間（煩悩）は物足りよう、物足りようと、物を追いかけるのである。しかし結局物足りないのである。この物足りないところに落ち着くことが出来たのが安心なのである。
○野球をやっても観客がいなかったらどうであろう。ホームラン打ってもつまらないものである。お金があっても名誉を得ても、人がほめてくれなかったらどうであろう、つまらないものである。人はみな世間に騙される。本当は生命を保つことが出来る生活が出来れば、それでよいのである。

○人生何になるのか。結局何にもならないのである。何にもならないからこそ尊いのである。何かになるならそれは有限である。何にもならないから無限なのである。仏道はこの無限絶対を生きることなのである。

○人生何にもならないと自覚し、唯その時その時やるべきことを一生懸命やることが偉大なのである。

○人間から見れば煩悩を使わない生活は物足りないつまらない寂しいものなのである。しかし宇宙がこの生活をしているのだと信じた時、自然と満足感が生ずるのである。

○何にもならなくてよいと言うのが人間の救いなのである。

○世の中は何にもならないと言うとがっかりしてしまうが、宗教は何にもならないところに大安心を得るのである。

○この人生は無内容、無意義、無意味である。ただ永遠の生命が顕現しているだけである。この永遠の生命（無我、大慈悲心）が顕現すれば自ずから喜び安らぎがあるのである。

○人生何にもならないのである。このことがはっきりわかれば、煩悩に引っぱられることはないのである。般若心経の「照見五蘊皆空、度一切苦厄」とは自分の為に何にもならないと自覚したことである。其の時、度一切苦厄で一切の苦悩から解脱したのである。

○宇宙は無念無想で正確（立派）に間違いなく運行しているのであるから、私たちもただ黙って生活態度を正確（立派）に間違いなくして行くことが宇宙と波長を合わせることになる。

○この生活が宇宙（仏性）の顕現なのであるが、自分の生活に闇がある為に、このことがわからない。本体（仏性）は必ず現象となる。人間はこの本体（仏性）を自分の生活で表現しなければならない。その根本となるのが坐禅である。

○この生活が宇宙の様相であると自覚し、宇宙の様相は夕焼のごとく美しいのであるから、この生活を美しく立派にしなければならない。

○お釈迦様の教えはこの自分の生活が極楽浄土であると教えるのである。この平凡な単純な生活が極楽浄土なのであるから、この生活を尊く思わなければならない。煩悩があれば自分の生活を尊ぶことはできないし、また何かに引っぱられていても出来ない。自分の生活を尊び拝むことが出来た時、仏世界になるのである。

○自分の生活がはっきりすれば競争はなくなる。澤木興道老師が「仏道は自己の生活を創造するものである」と言われたのも「分かれオイーお前はお前、俺は俺」と言われたのも競争のないことである。世間は競争の世界、出世間はそうでない世界。

○人間はどこまで行っても煩悩があっていやらしいものである。其の人間をやめて、崇高な坐禅を信仰して、坐禅するより人間の生き方はないのである。

○相手の行動を見て、それにだまされて怒り嫉み謗り等の悪感情が出てくる。どんな時でも万象夕焼のごとくうるわしと見て、自分の悪感情を捨てなければならない。仏教では「不対縁から心を生ずべし」と言っている。

○誰でも仏の子、神の子とみる見方が一番美しい見方である。仏様は「三界は我が有、その中の衆生悉くわが子」と見られた。仏教には「三界を三界と見ず」と言う言葉もある。

○すべてのものを仏と見ることが出来るのは、最上の人間の情（まごころ）が発露しているからである。

○有り難いと言う気持ちが起きることが本当に有り難いのである。

○身心脱落の時、必ず喜びと感謝の念が生ずるのである。

○無条件の感謝—出世間法、条件付きの感謝—世間法。

○自分の生活に感謝していけば煩悩が取れ、戒が成就する。

○自分の生活に感謝するとき自分の生活が宇宙となる。
○安楽とは感謝することである。
○宗教心とはあらゆることに感謝の念を持つことである。

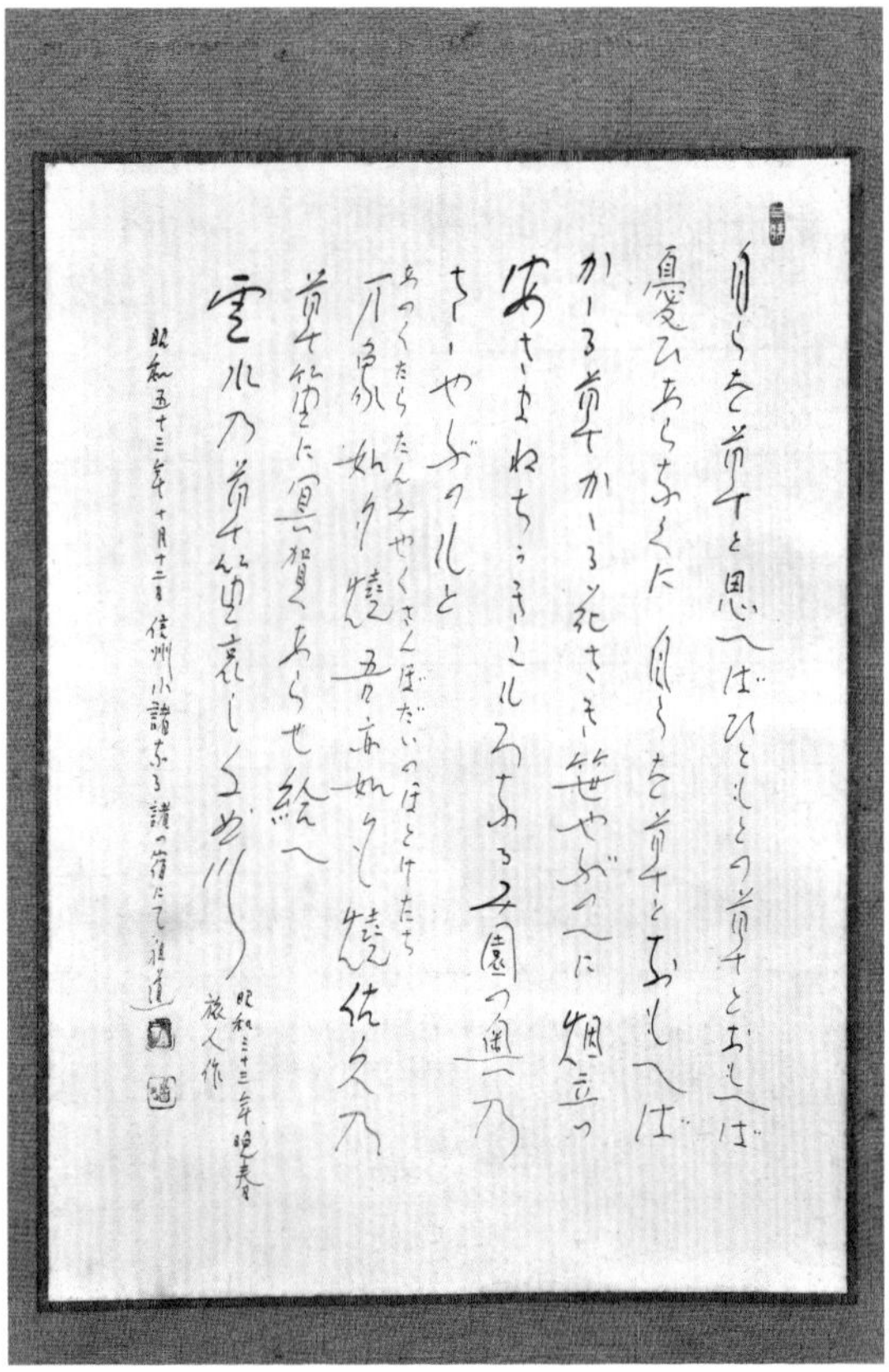

自らを草と思へばひともとの草とおもへば
憂ひあらなくに　自らを草とおもへば
かかる草かかる花さき笹やぶのへに　烟立つ
安さまねちかきこもろなるみ園の奥の
ささやぶのもと
万象如夕焼吾亦如夕焼（あのくたらさんみやくさんぼだいのほとけたち）佐久の
草笛に冥加あらせ給へ
雲水の草笛哀し千曲川
　昭和三十三年晩春　旅人作
昭和五十三年十月十二日
小諸なる諸の宿にて祖道

直筆歌集

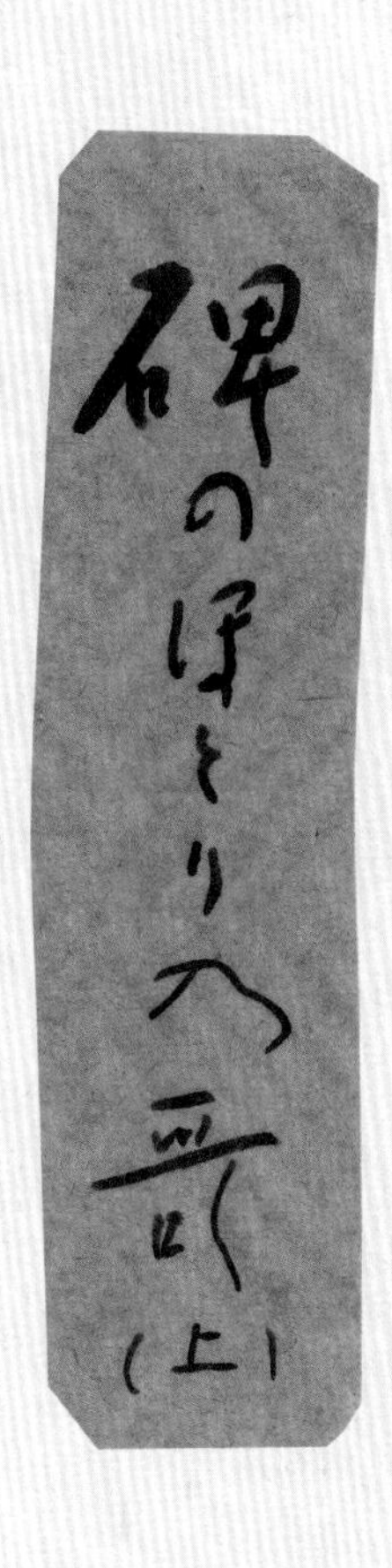

佐久のをの子の
山を見るかな
こもろとや
あられ
草笛かなし
のばら匂えり
指の起き伏し
自性清浄
火ふく山晴れ
笹飴よ
又の日
白菊の花
雪白かりき
あづまやのそばに

こもろなるさくらの花の
したにたち
雪ある浅間の
山を見るかな

千曲川旅情の歌の
草笛けん

旅人の男の子（をのこ）の吹きし
柴笛（しばぶえ）
くま川
旅情の歌の碑の蔭に
来つる小鳥のかわせみのいろ

佐久の在の子の

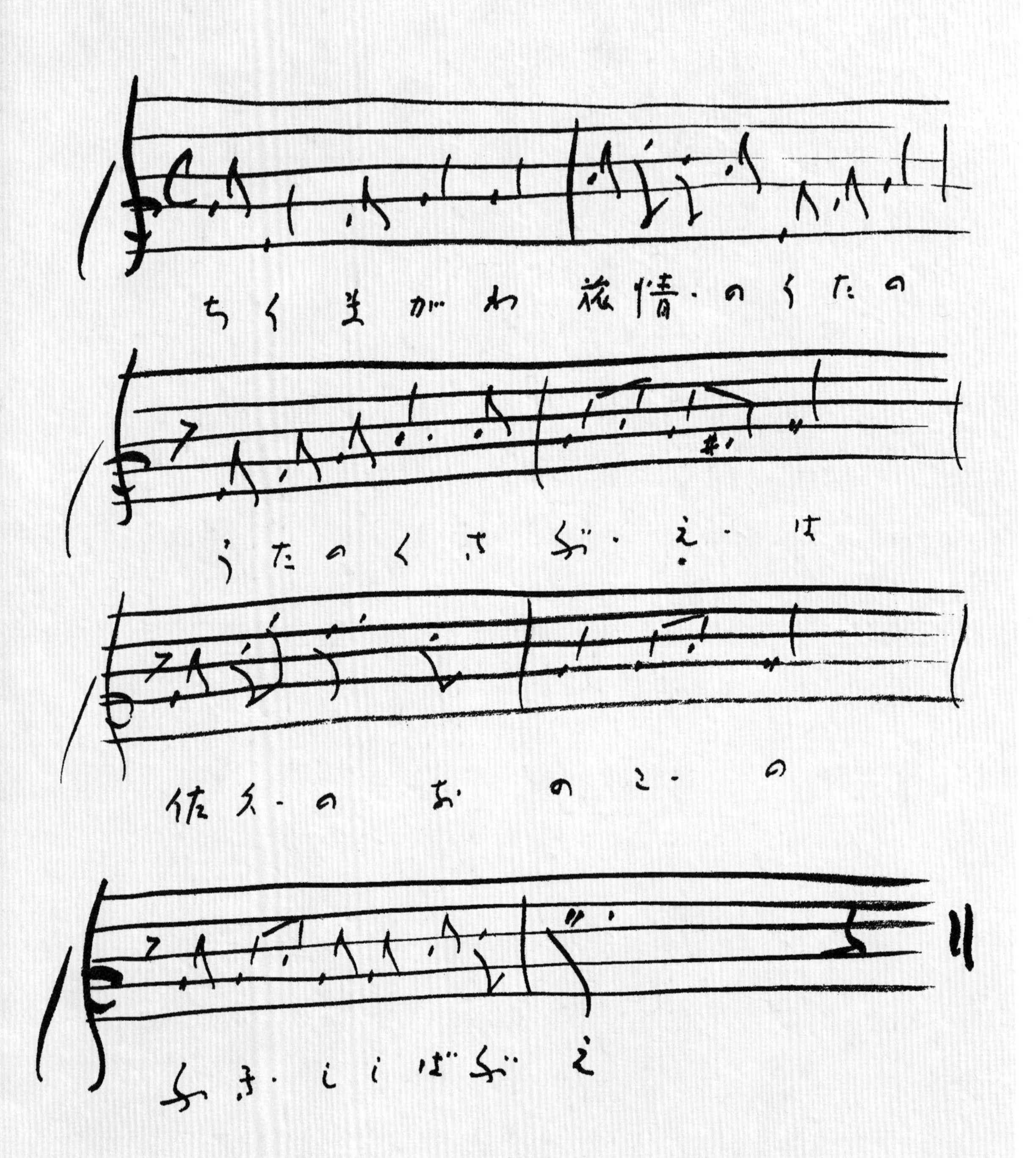

山を見るかな

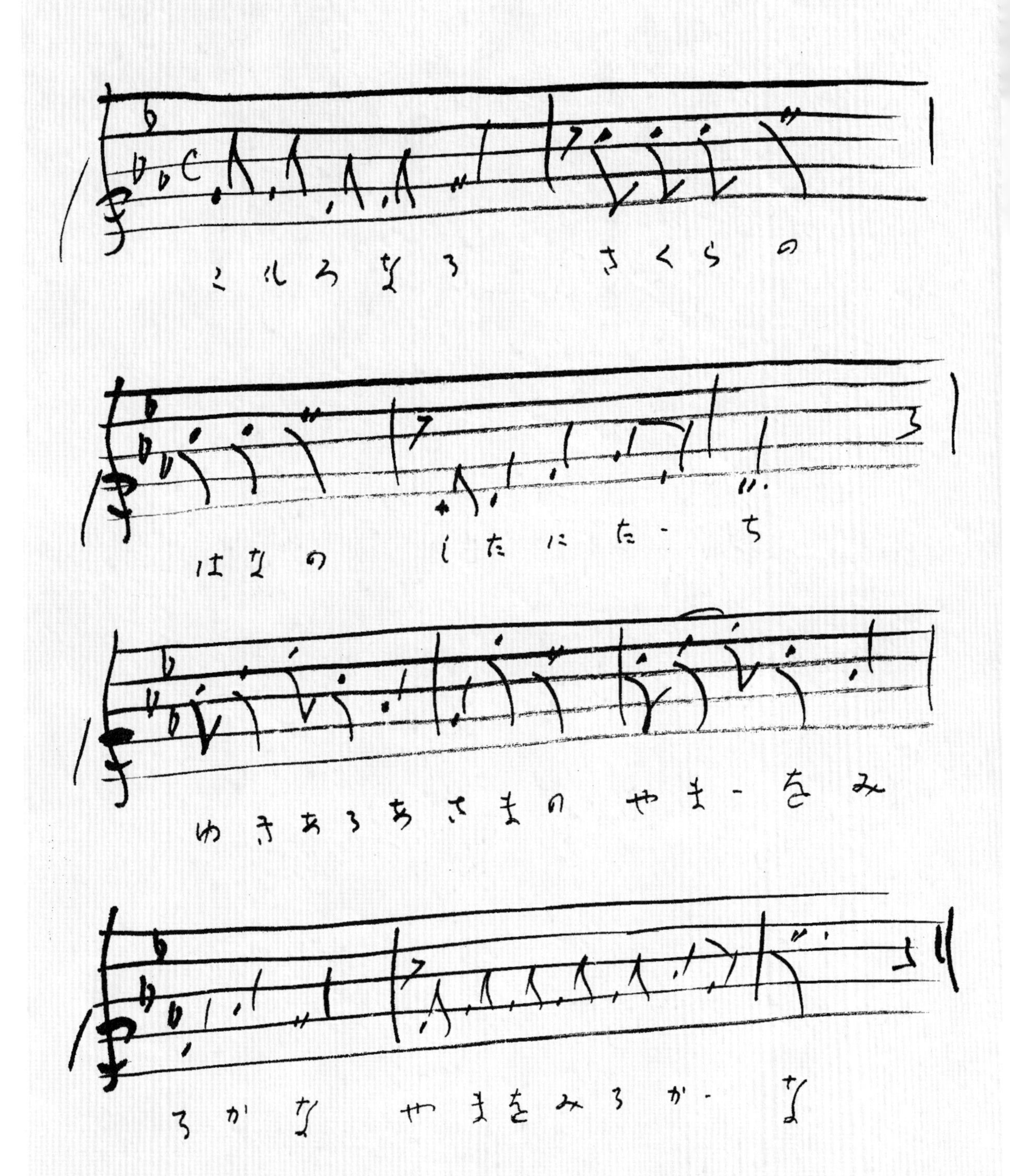

これろとや

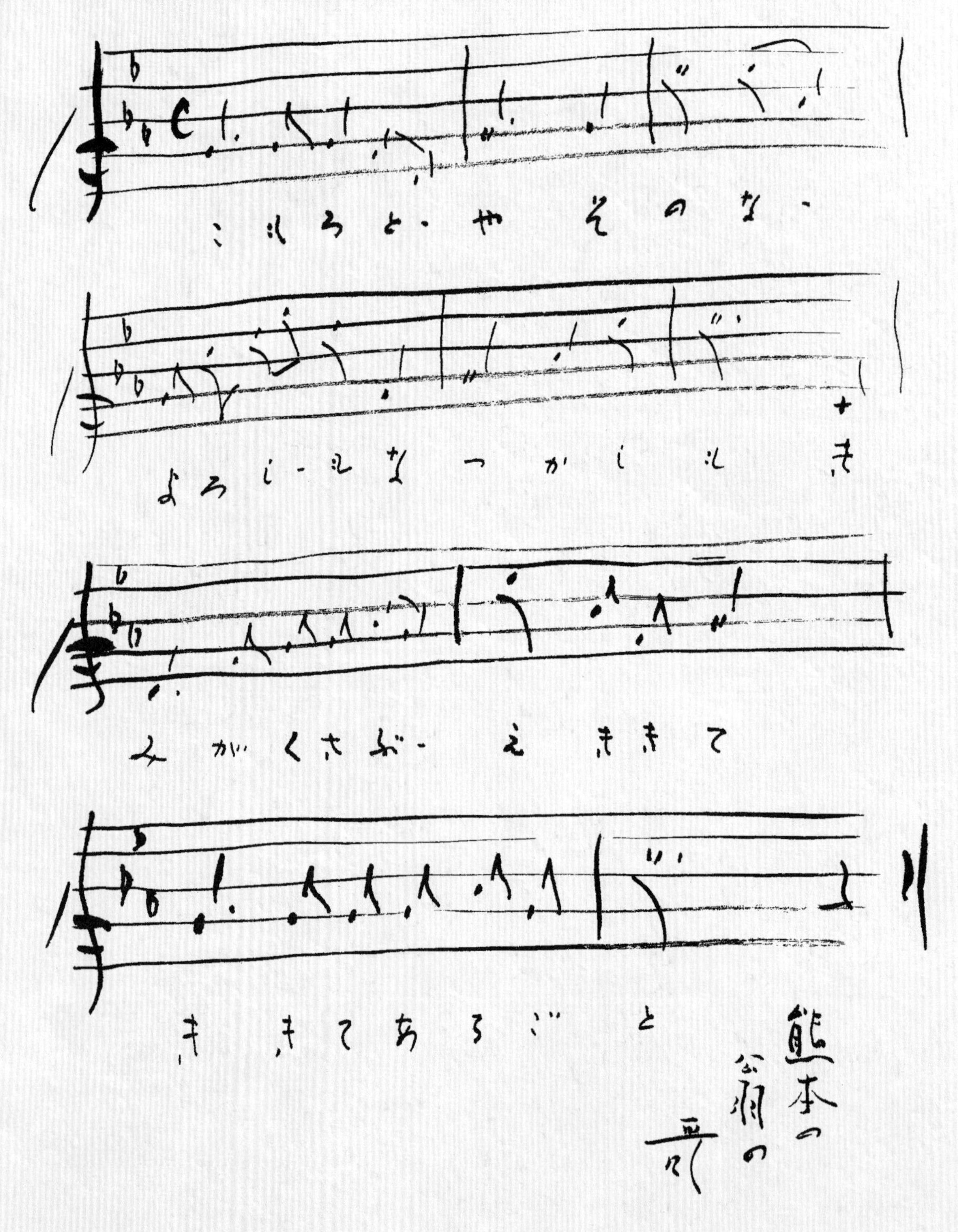

あられ

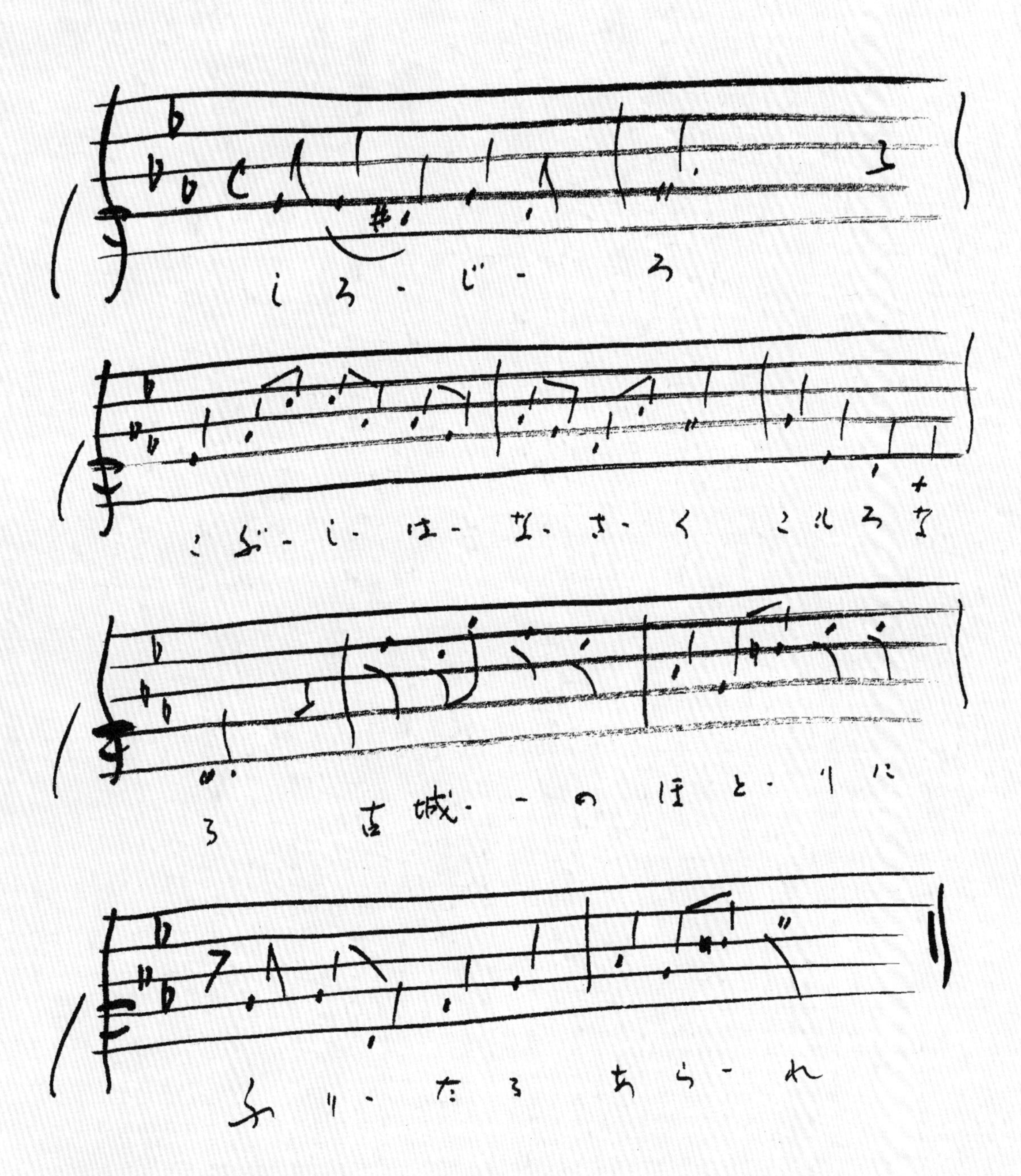

うしろとやまの名
よろしい
ちつぅしぃし
みゝゝがしげぶえ
みゝゝてあそご

しらじらし
きさくこころちふる
たぬきぬけそうに
ふりたるあくれ

雲水の草笛

哀しよ

ぬ

川

くまがわ

旅人作詞

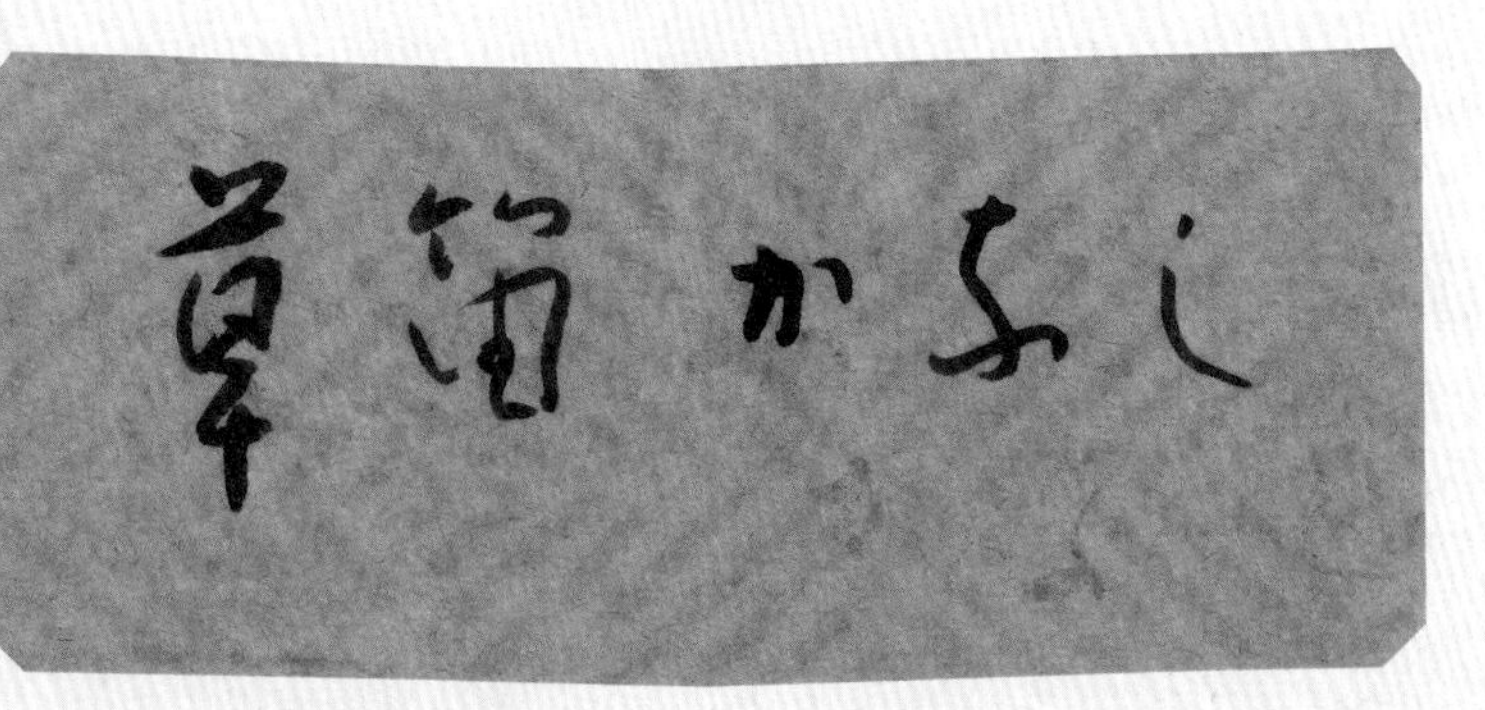
草笛かなし

う ん す い の う
ん す い の く さ - ぶ - え -
か な し ち く ま が わ ち

旅人に
のばら匂えり
こゝろちふる古城の
ほとり
のばら
咲きゐて

昭和三十三年六月十三日　詞曲

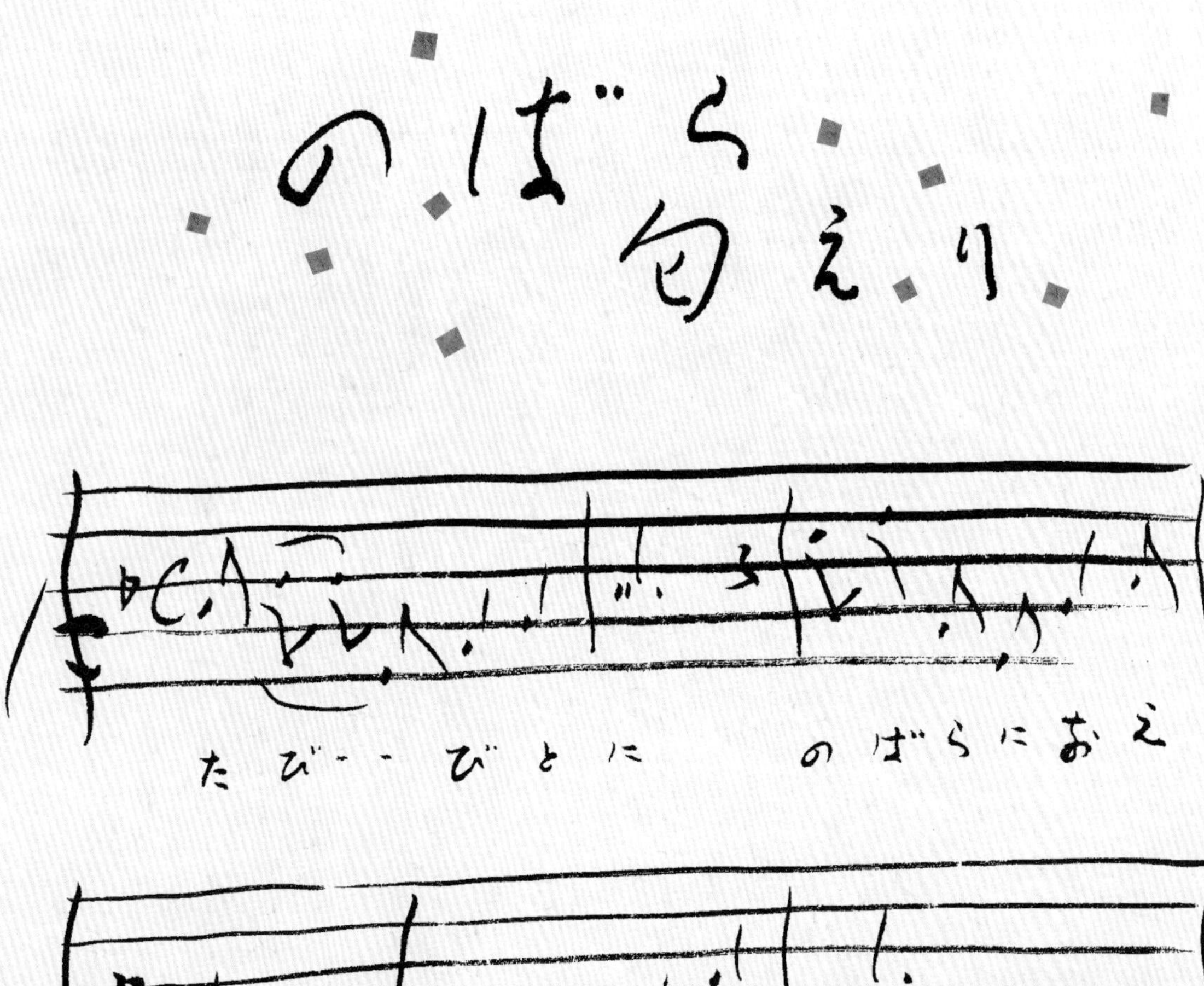
のばら
白えり
たび−−びとに のばらにおえ

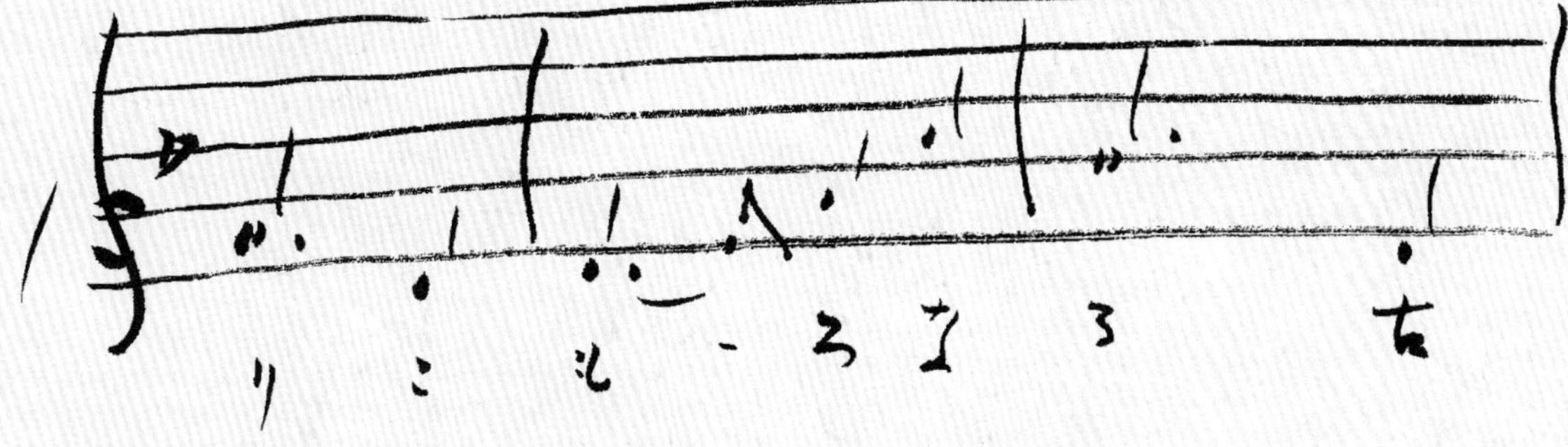
りこし−ろきろ 古

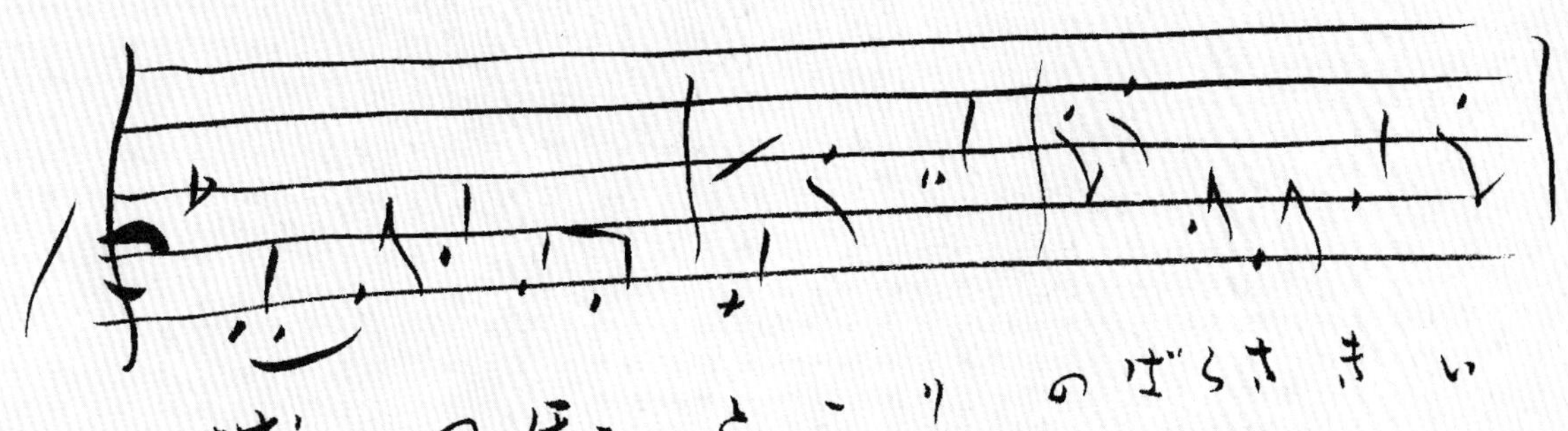
城・の風− と−り のばらさきい

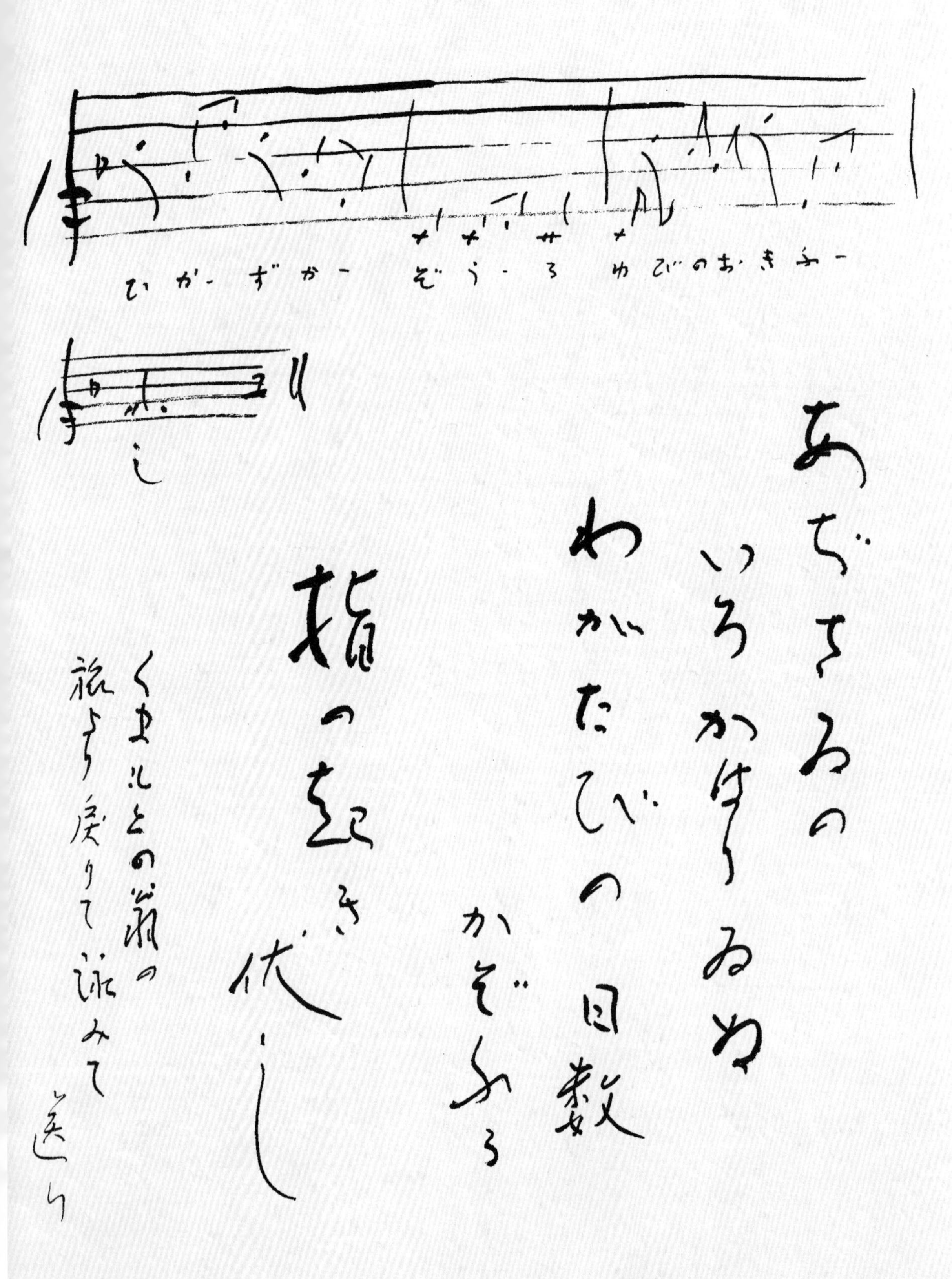

ひかーずかー ぞうーろ ゆびのおきふー
し
あぢさゐの
いろかはりゐぬ
わがたびの日数
かぞふる
指の起き伏し
旅より戻りて詠みて
送り

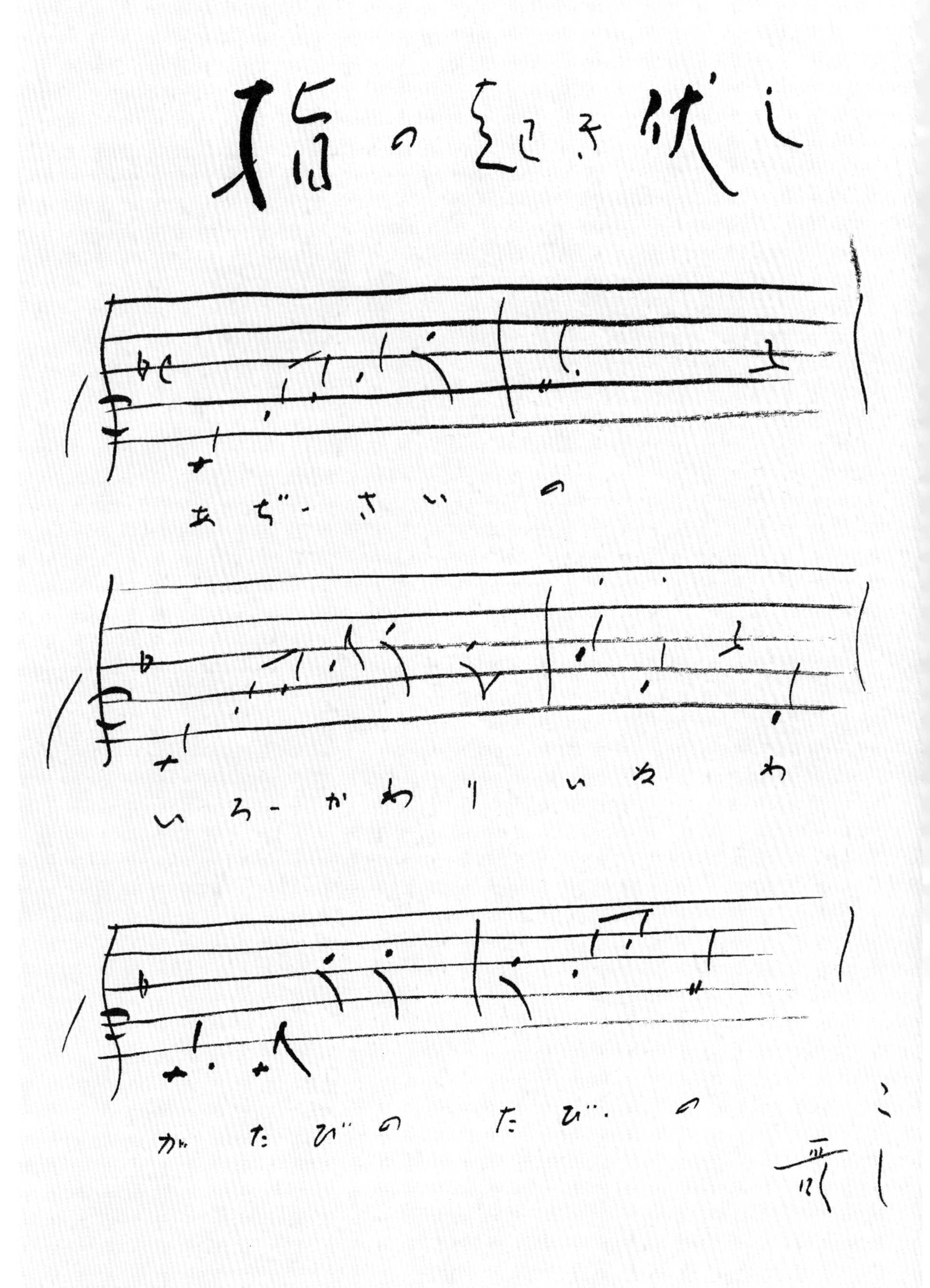
指の起き伏し
あぢ-さい の
いろ-かわり い な わ
が た び の た び の

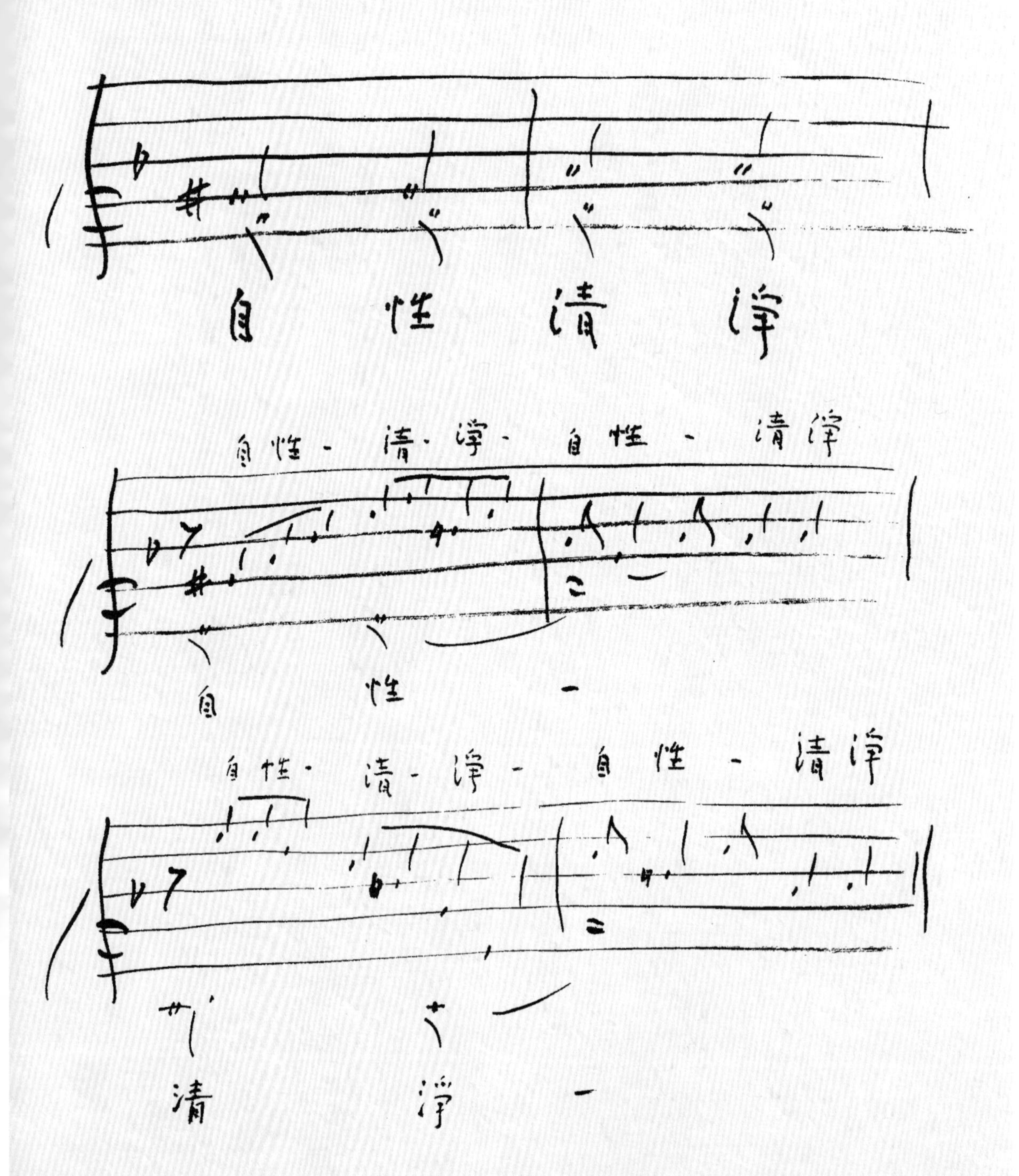
自 性 清 浄
自性 - 清 - 浄 - 自 性 - 清浄
自 性 -
自性 - 清 - 浄 - 自 性 - 清浄
清 浄 -

自性清浄

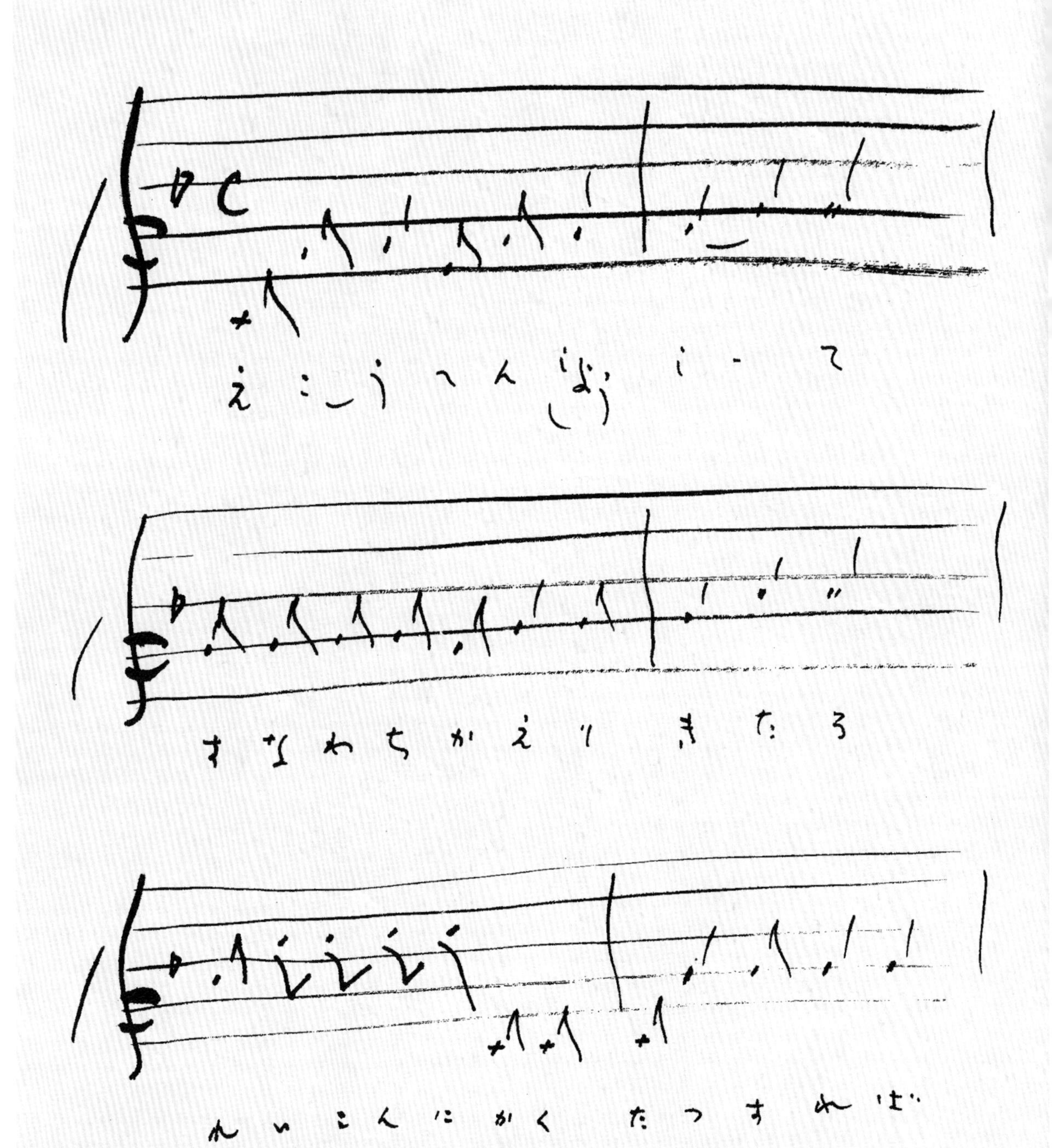

廻向返照シテ
便チ帰リ来ル
二廓ニ達スレバ霊根ニ一

非ズ向ニ北一月ニ

有情非情同時成道

草木國土悉皆成佛

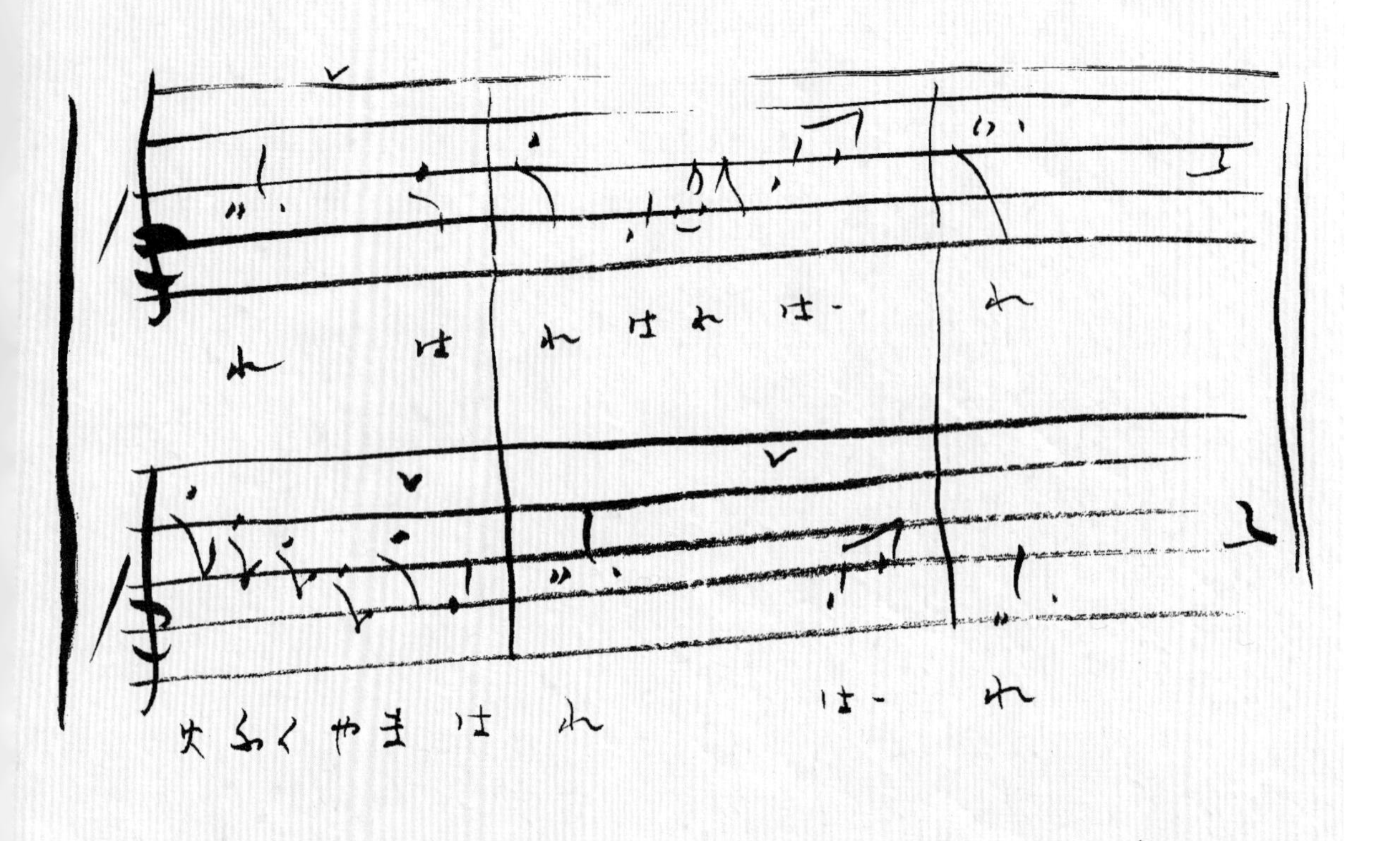

そこここ
稲刈りそむる
火噴く山
晴れ
作者忘れし

今年稲刈り
そむるころ
浅間山晴れたるを見て
作曲
(33)

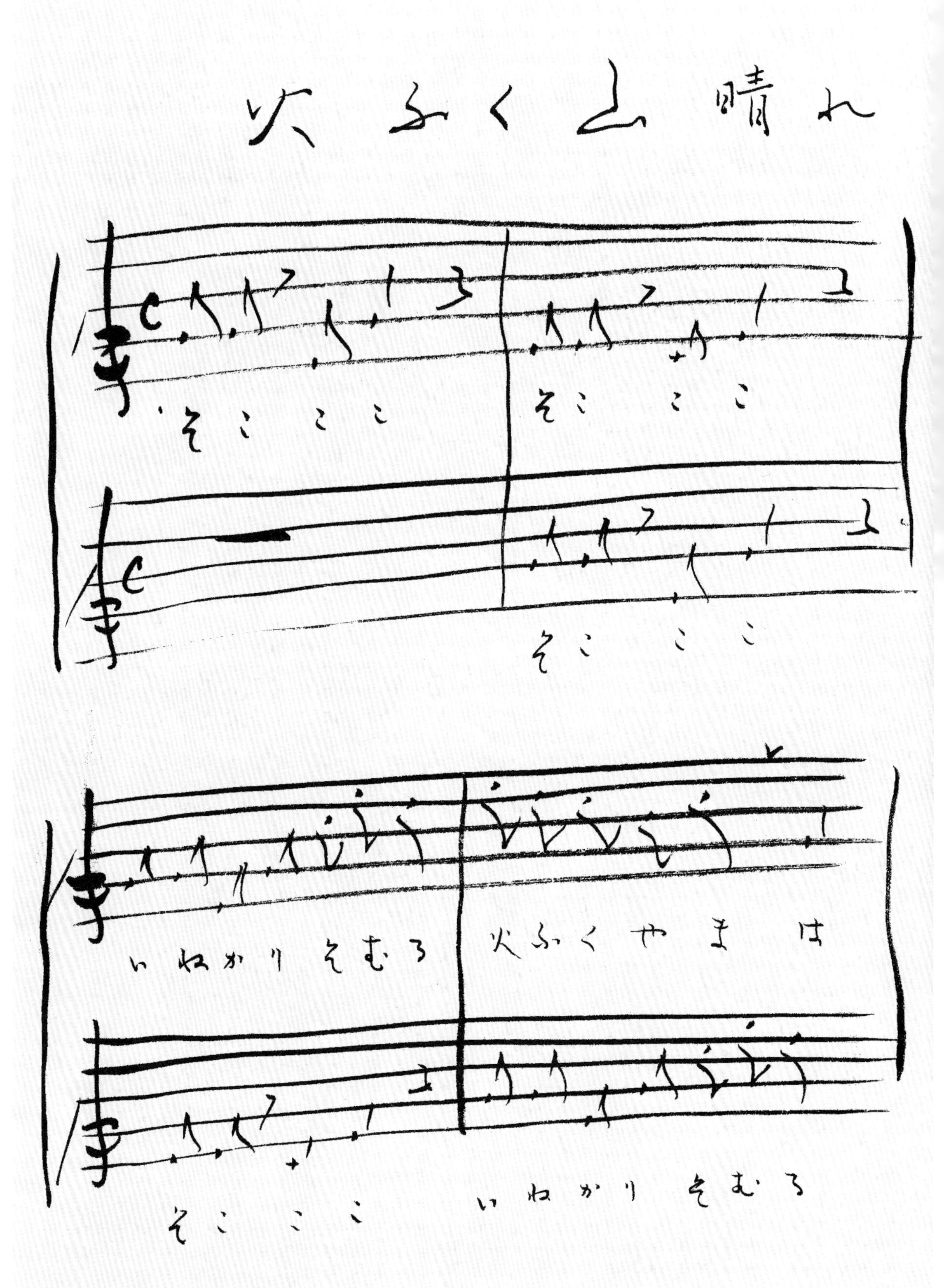

火ふく山晴れ
そこここ
そここ
そここ
いねかりそむる
火ふくやまは
そここ
いねかりそむる

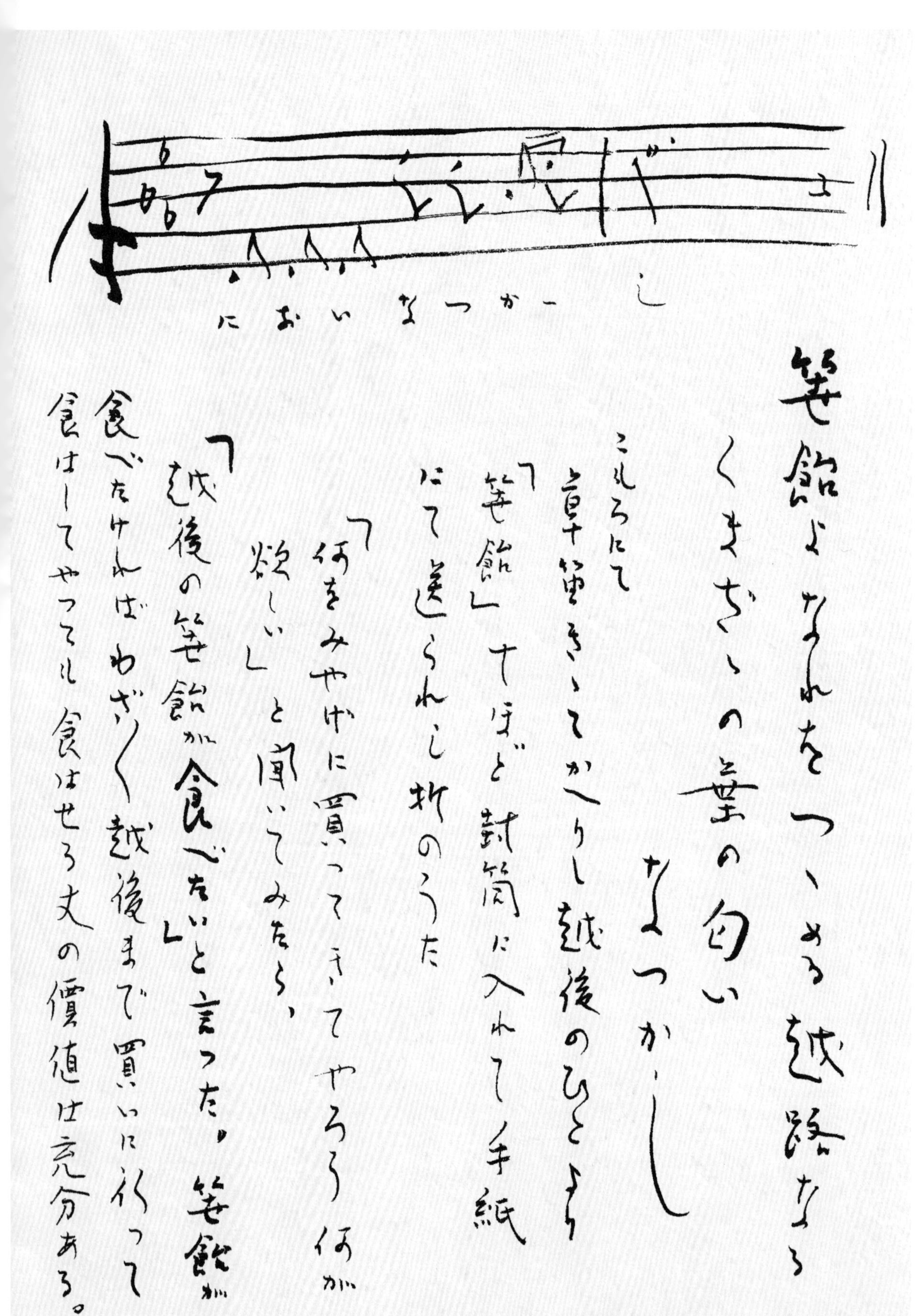

笹飴よなんとつゝめる越路なる
くまざゝの葉の匂い
なつかし

これろにて
章笹きゝてかへりし越後のひとより
「笹飴」十ほど封筒に入れて手紙
にて送られし折のうた

「何をみやげに買ってきてやろう何が
欲しい」と聞いてみたら、
「越後の笹飴が食べたい」と言った。笹飴が
食べたければわざ〳〵越後まで買いに行って
食はしてやっても食はせる丈の價値は充分ある。

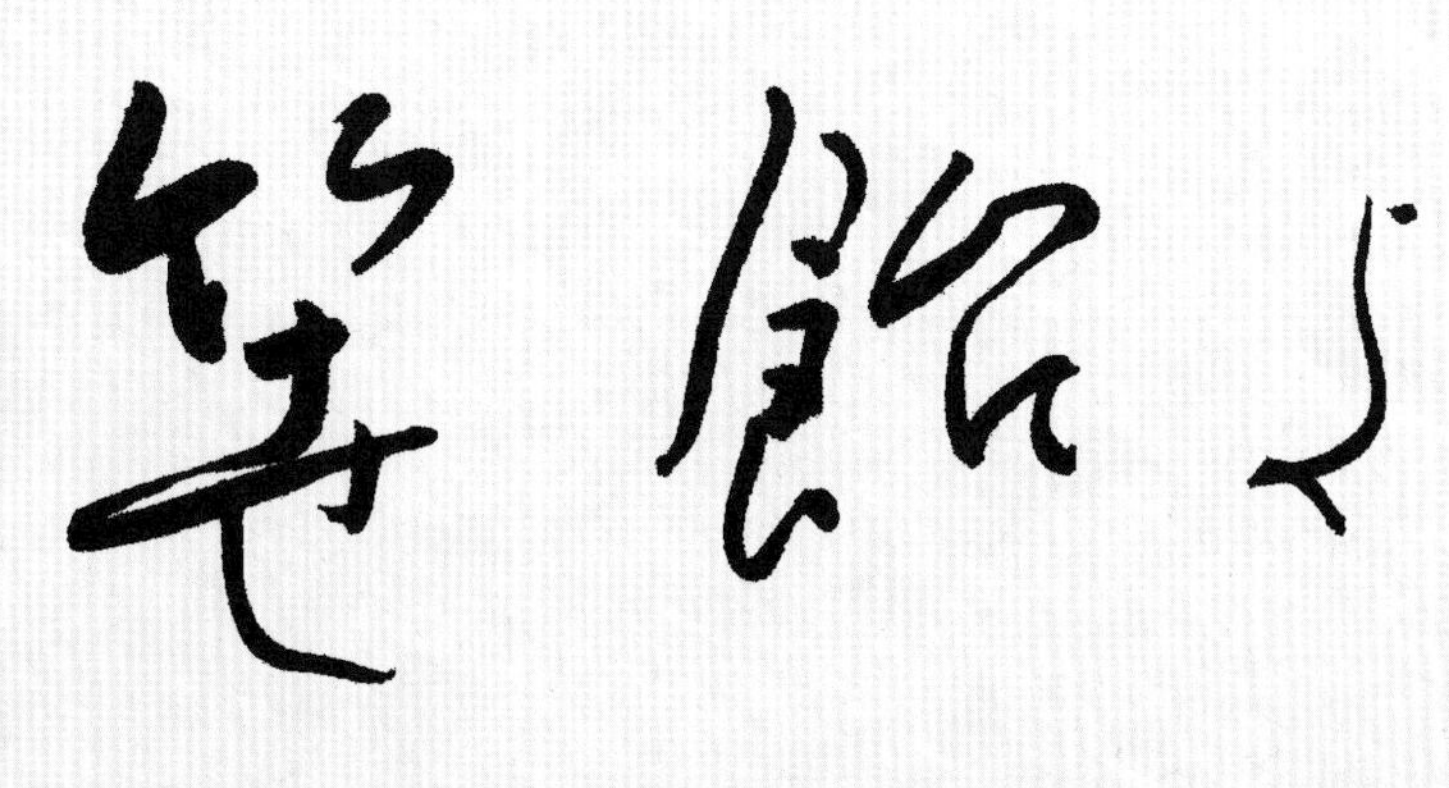
笹飴

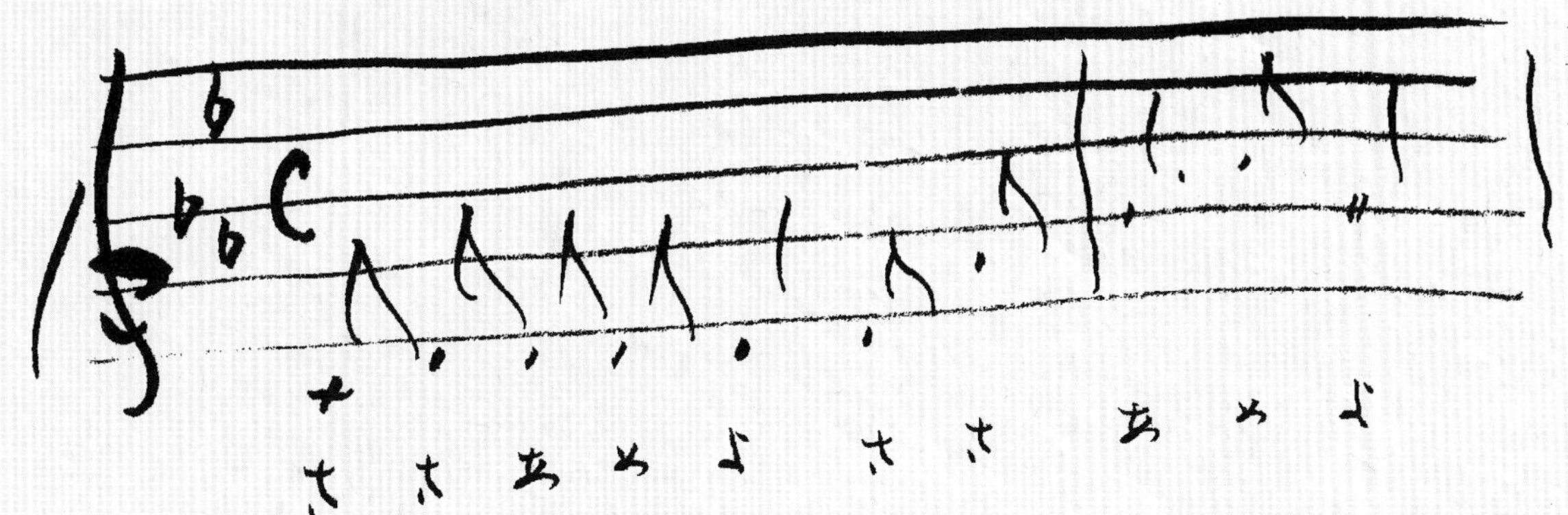
ささあめよ　ささあめよ

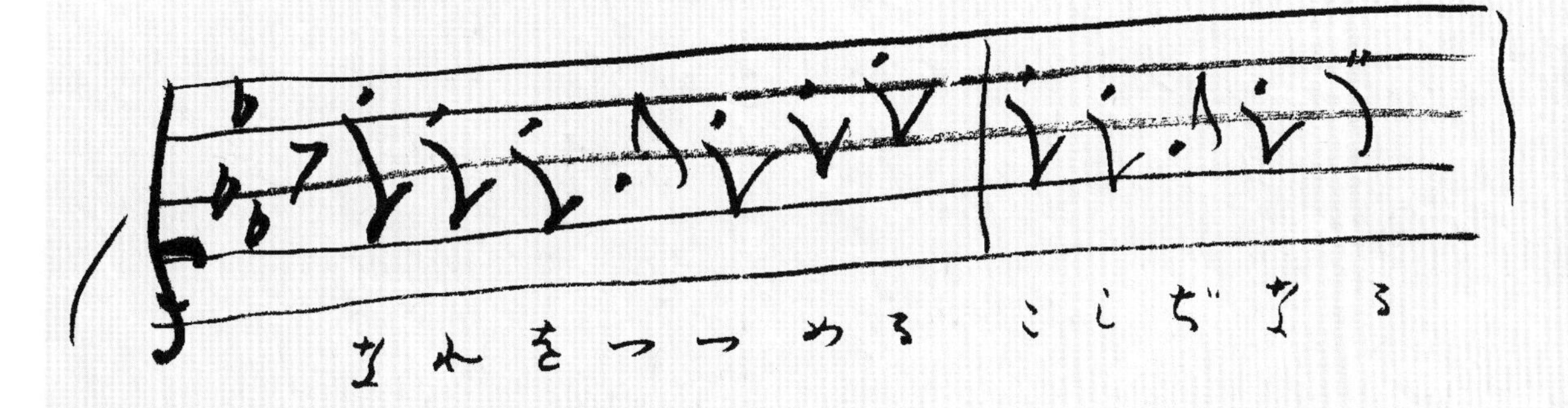
なみをつつめる　こしぢなる

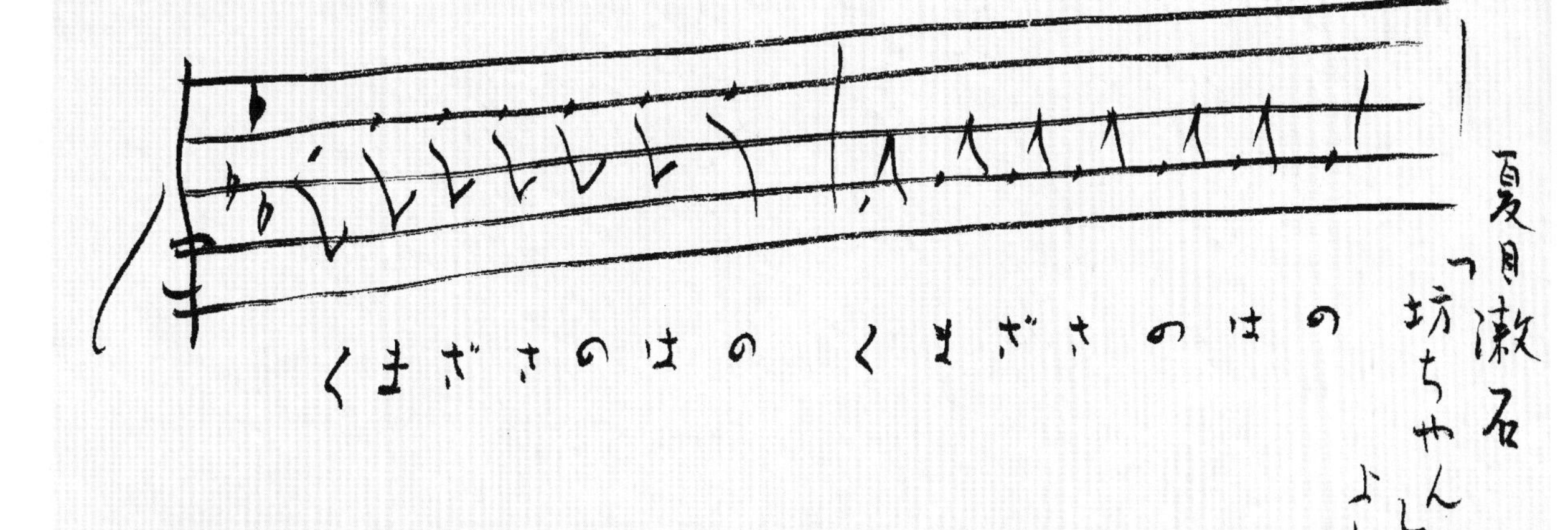
くまざさのはの　くまざさのはの
夏目漱石
「坊ちゃん」より

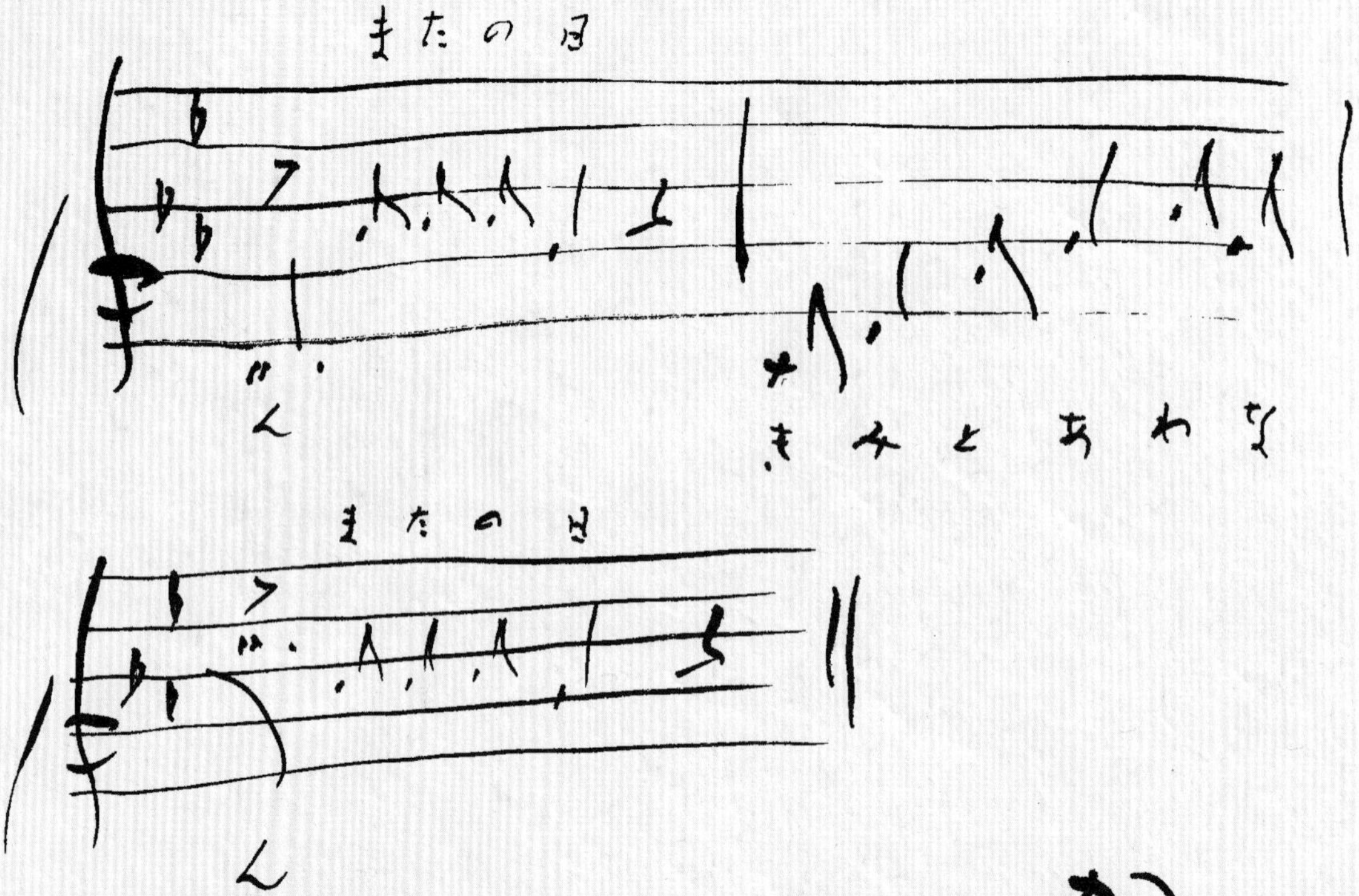

またの日
ん
きみとあわな

またの日
ん

かくてえにしあれば
又の日きみとあはむ

京大
遠藤嘉基教授
(文博)
昭和三三・一〇・一七
風冷たき九時ころ　藤村
碑前にて作詞

又の日

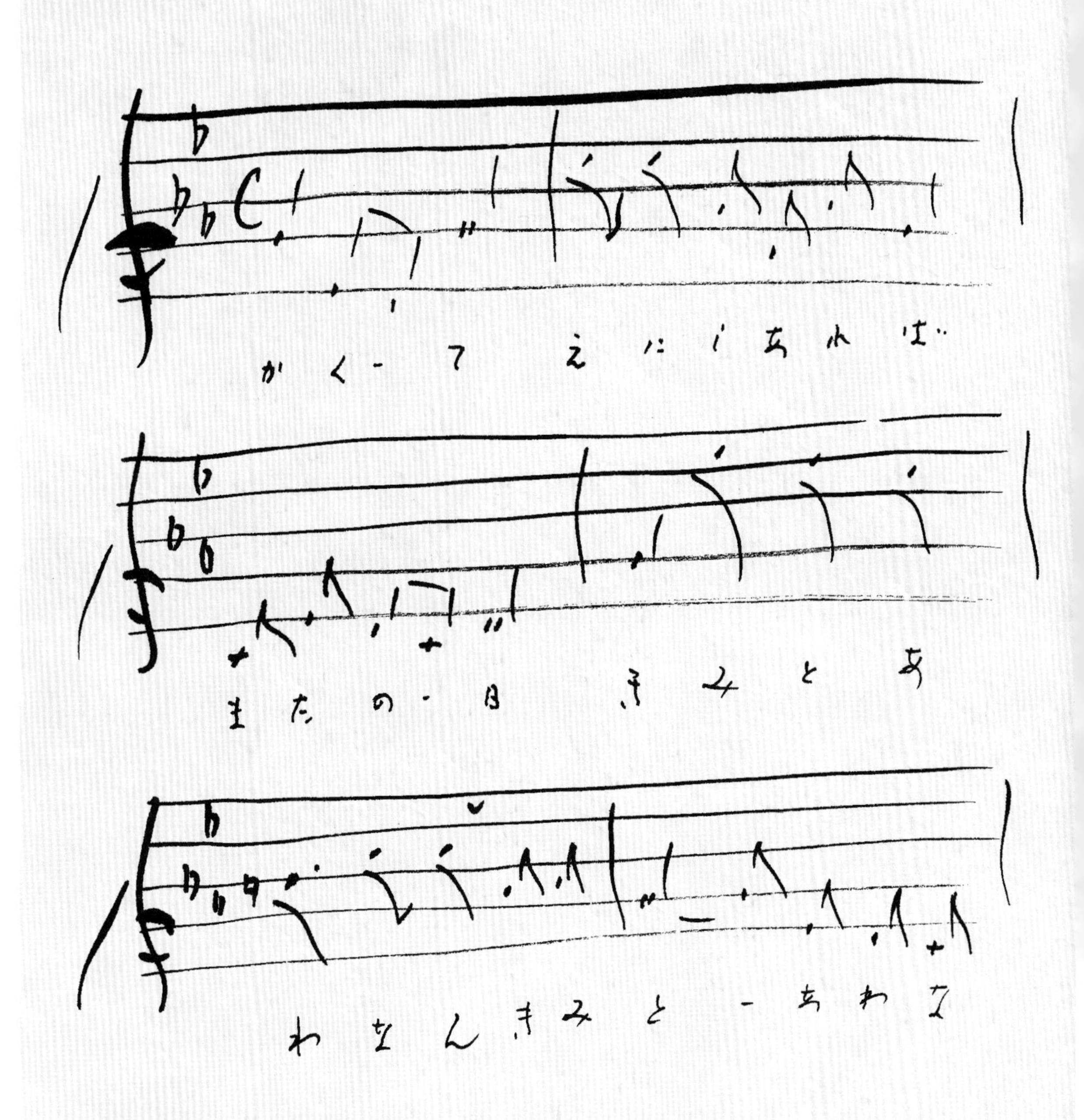

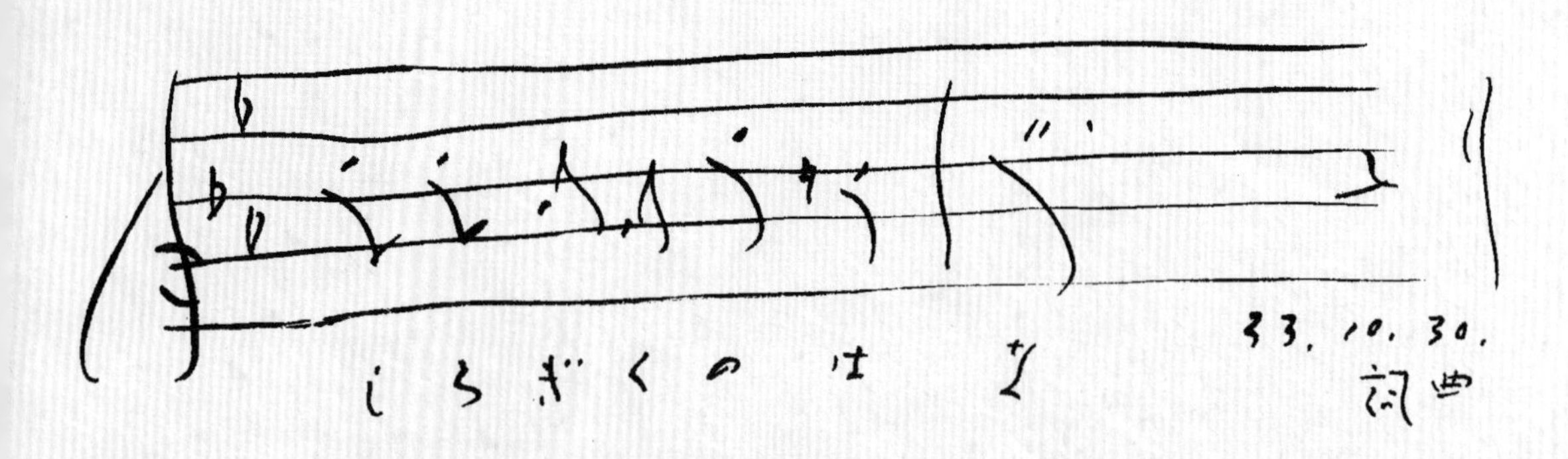

衣笠校の
校長室の花台の
何木の紅葉と
白菊の花

からまつも
もみじなしたり
浅間山此頃さわに
烟立ちつゝ

白菊の花

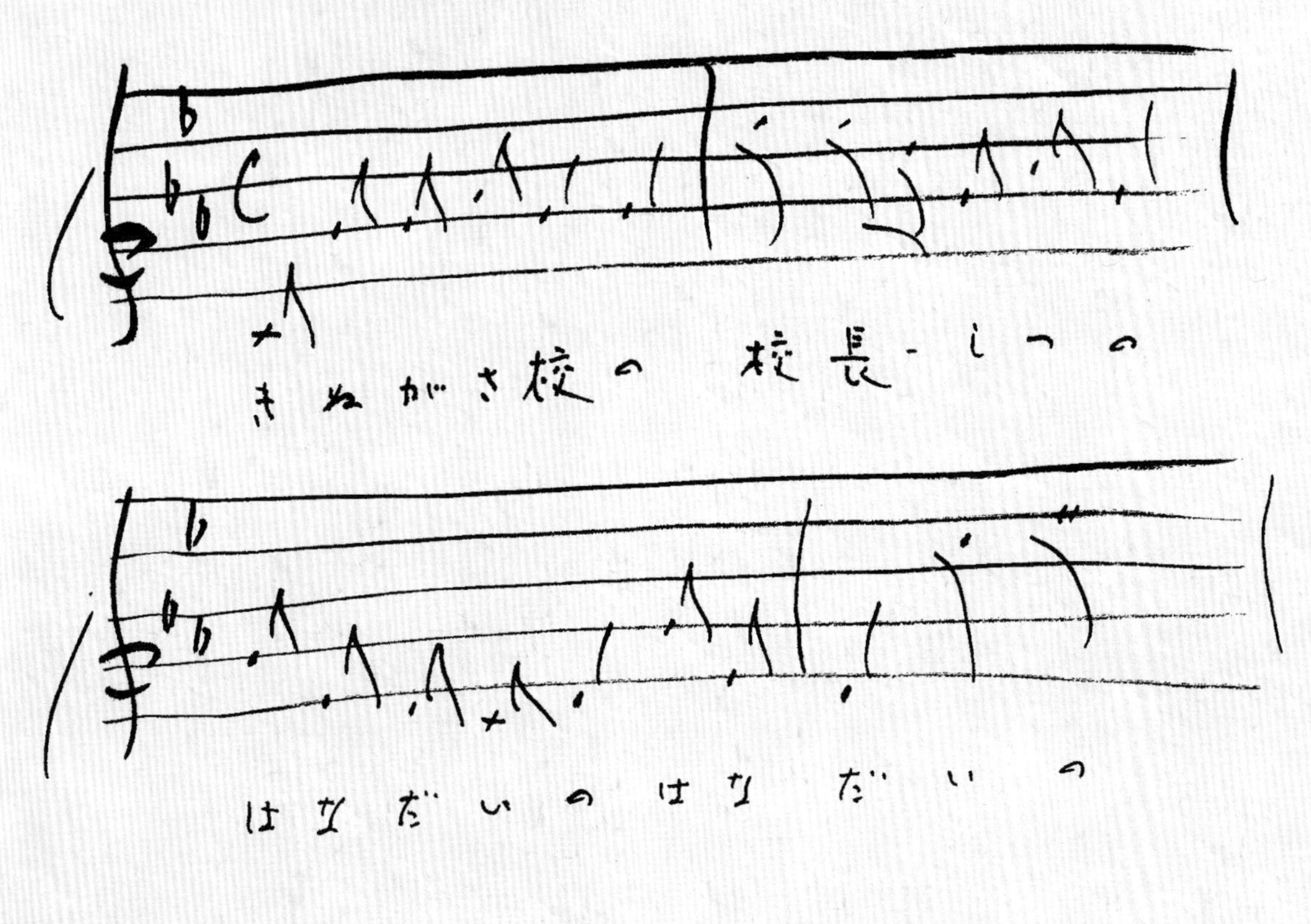

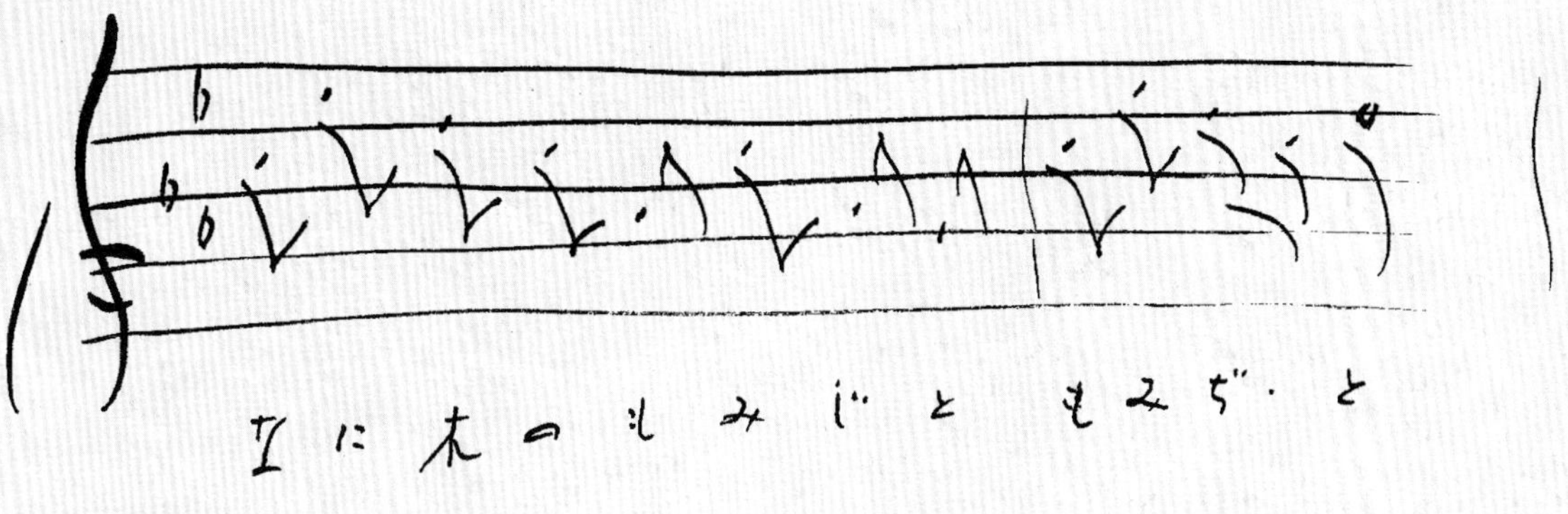

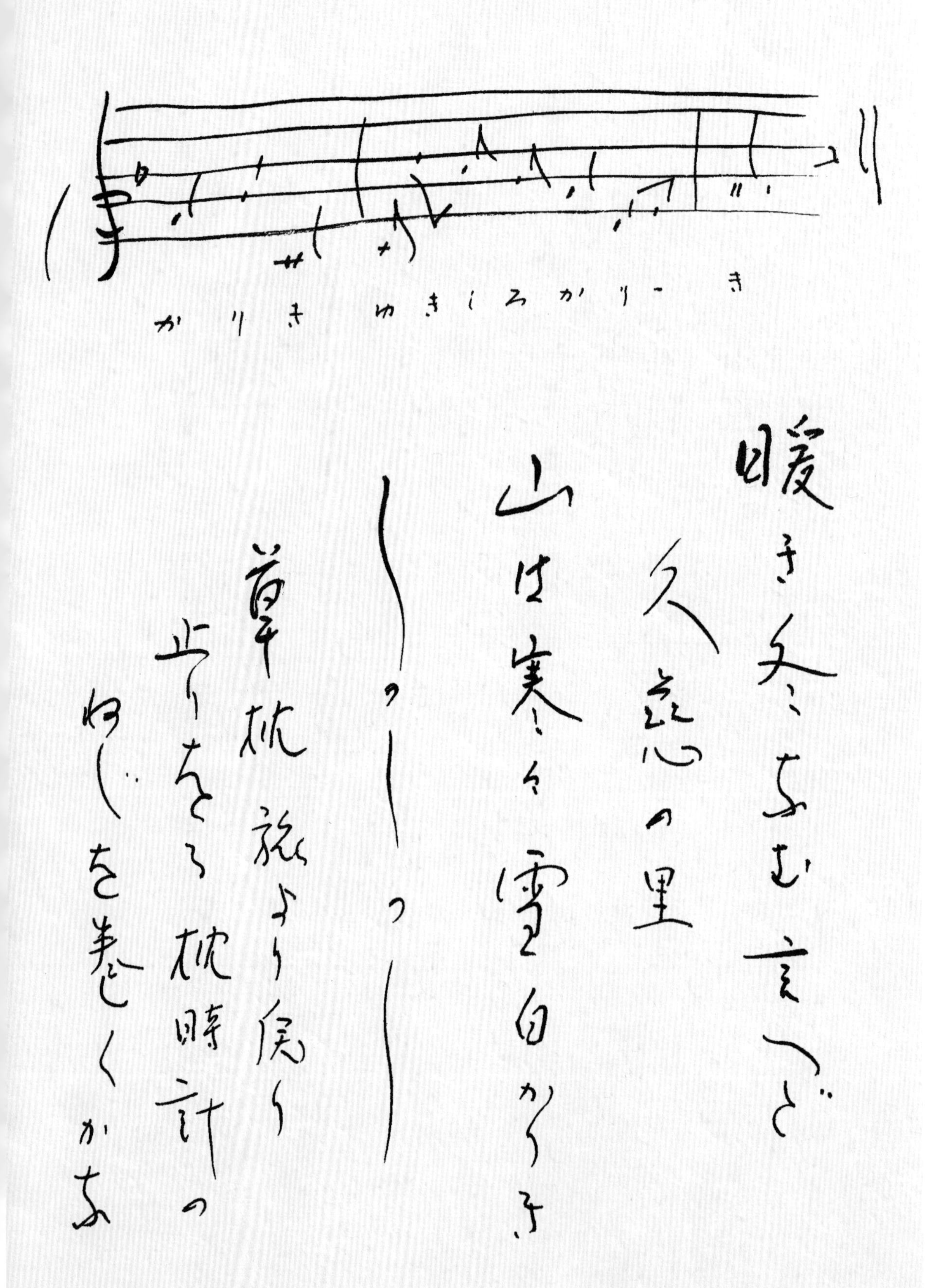

かりき ゆきしろかりーき
暖き冬と言へど
久慈の里
山は寒く雪白からず
草枕旅より戻り
止まる枕時計の
ねじを巻くかな

雪白かりき

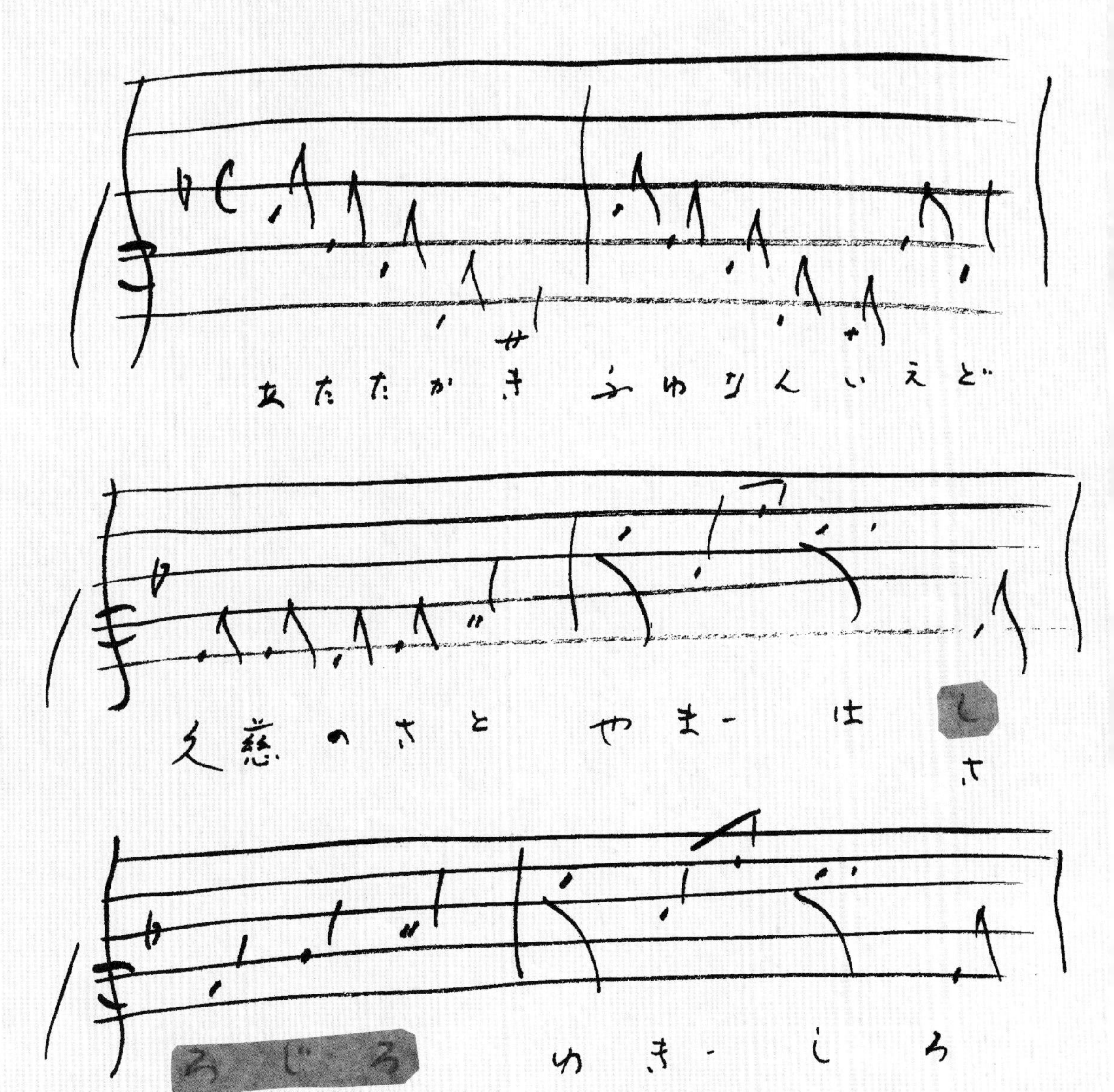

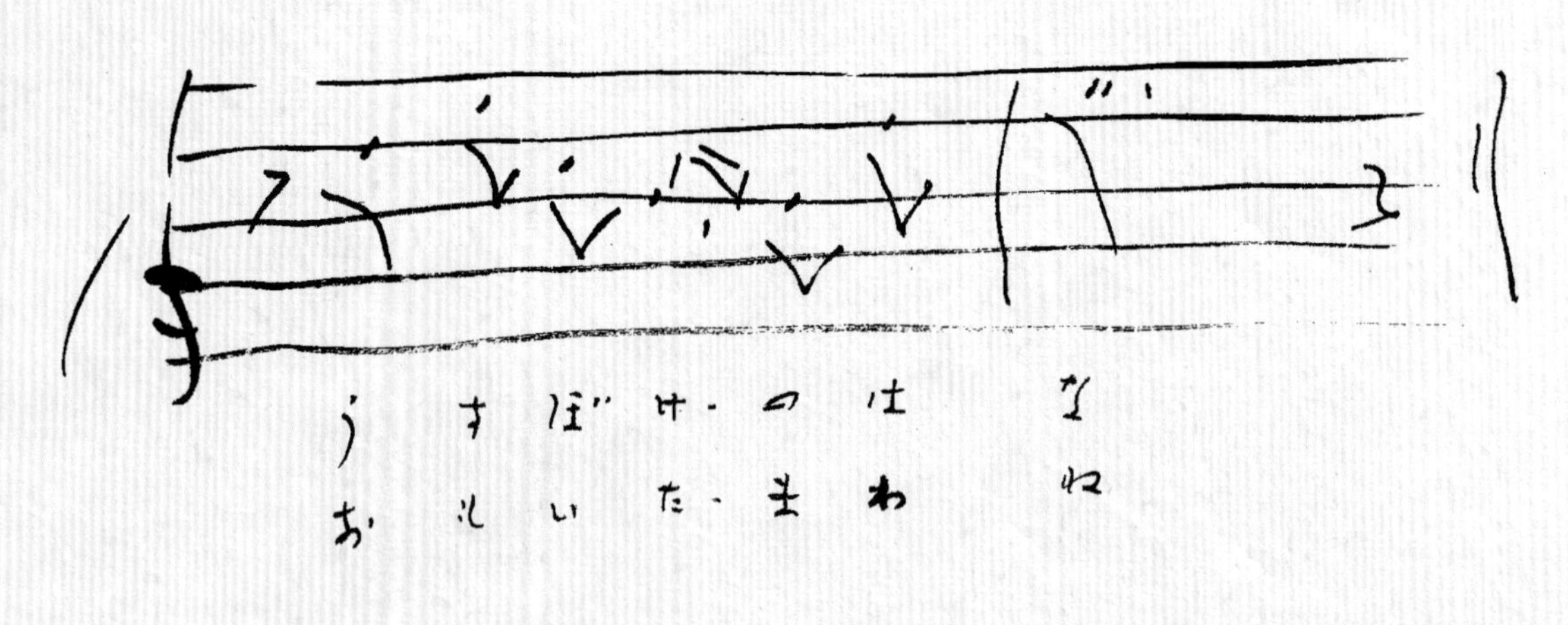

あづまやのそばに
さきたるぼけの花
ほの赤ければうす
ぼけの花
わがひとり坐禅くみたる
あづまやに
ほゝじろくるをおもひ
たまけくね

あづまやの そばに

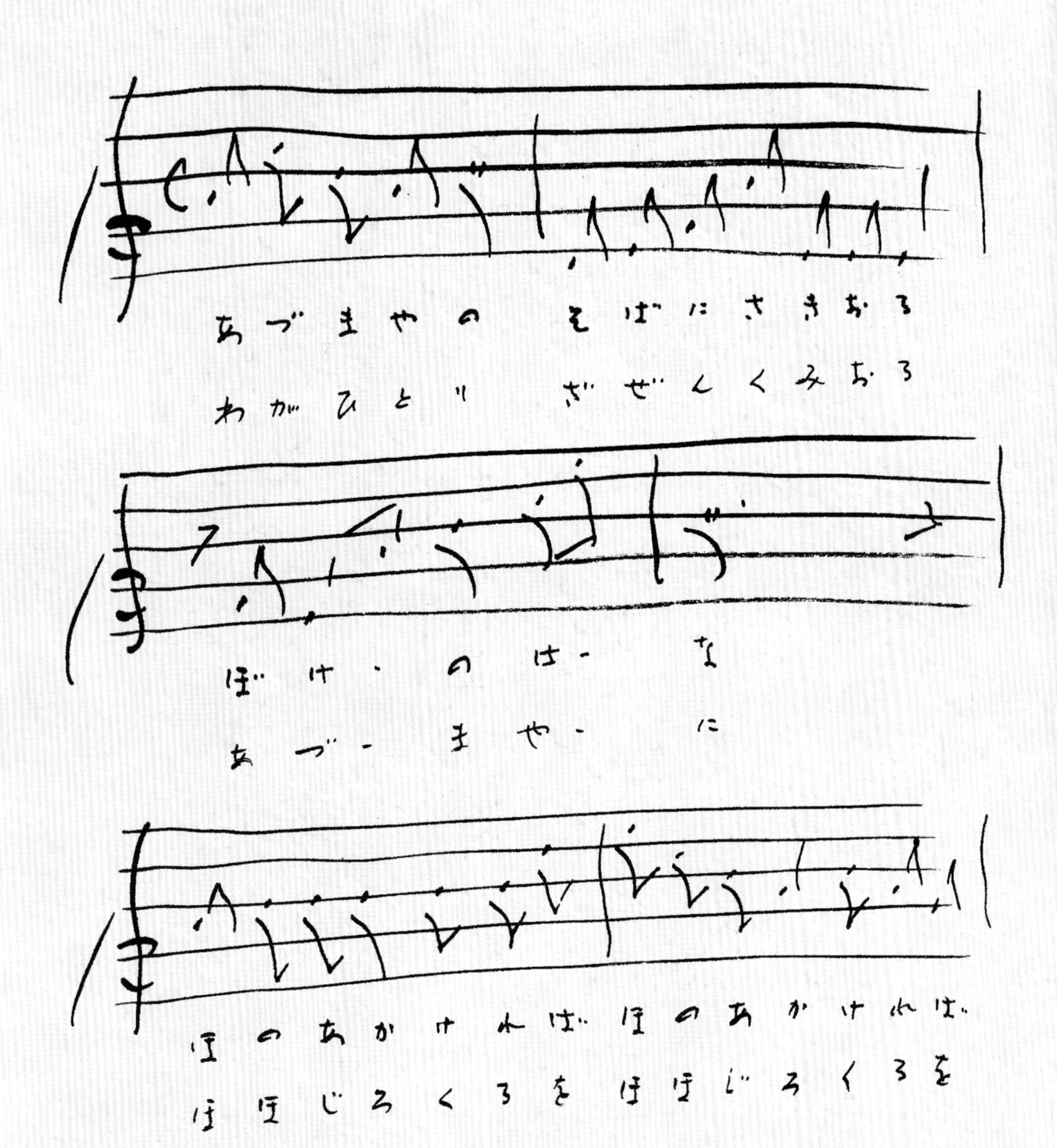

あづまやの そばにさきおる
わがひとり ざぜくくみおる
ぼけ・のは－ な
あづ－まや－ に
ほのあかければほのあかければ
ほほじろくるをほほじろくるを

ちる花の風にふかれて
あづまやの
中に入るくる゛
さくら花びら

白樺の花を
はじめて見るひとへ
くぬぎの
花に似たる
おしへり

あづまやのかげに
久しく咲きたりし
あかきつゝじ花
花も過ぎたり

ひろかつほど 明日咲く
つぼみ 一つおち
二つ花さき あづまやのへに

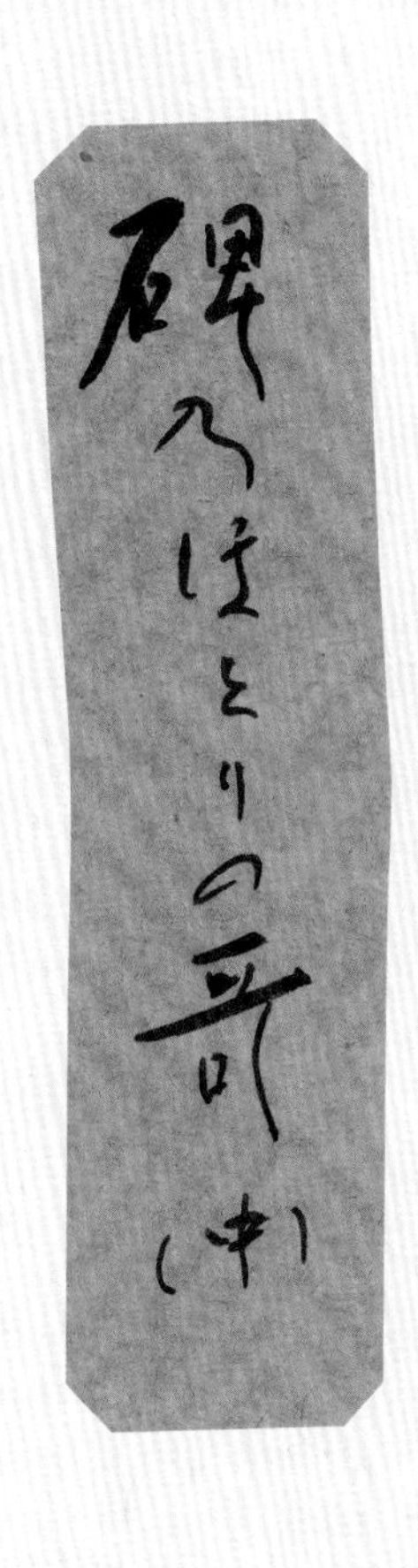

朝日さしつゝ
私の頭におちて
今年又蟻は
朝のたまゆら
初小諸
咲かずなりにき
平野の里に
ぼけより先に
浅間雪ふり（夜雨に）
白樺は
松下浄土
五月雪あり
松の下にも
（くぬぎの花ちり）
桐の木の下に
ひと日雨ふり
山芹の花
松の花の粉風に流るる
草むして
わらびいたゞき

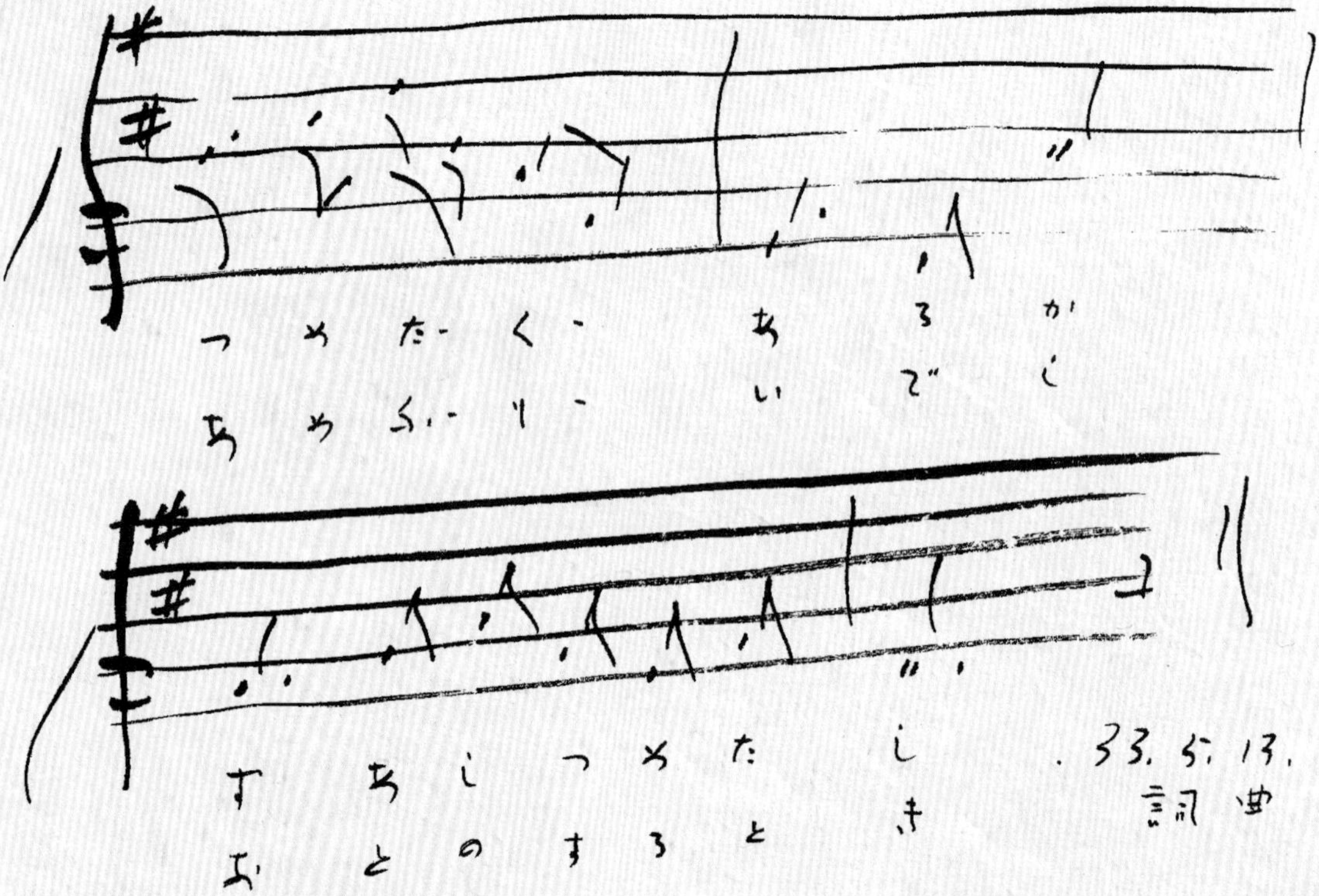

つめたーくー あ る か
あめふーりー い で し

す あ し つ め た し
お と の す る と き

33.5.13.
詞曲

麦に穂の立ちし
信濃路
朝風の朝日さしつつ
冷めたくあるか
素足冷めたし
山近き諸の宿にきこえ
たる雉子（きぎす）なくこゑ
雨ふりいでし
音のするとき

朝はさしつゝ

むぎにほの たちししなのぢ
やまちかき しろのやどーに
あさーかぜーの
きこーえたーろ
あさひーさーしつつ
きぎすーなーくこえ

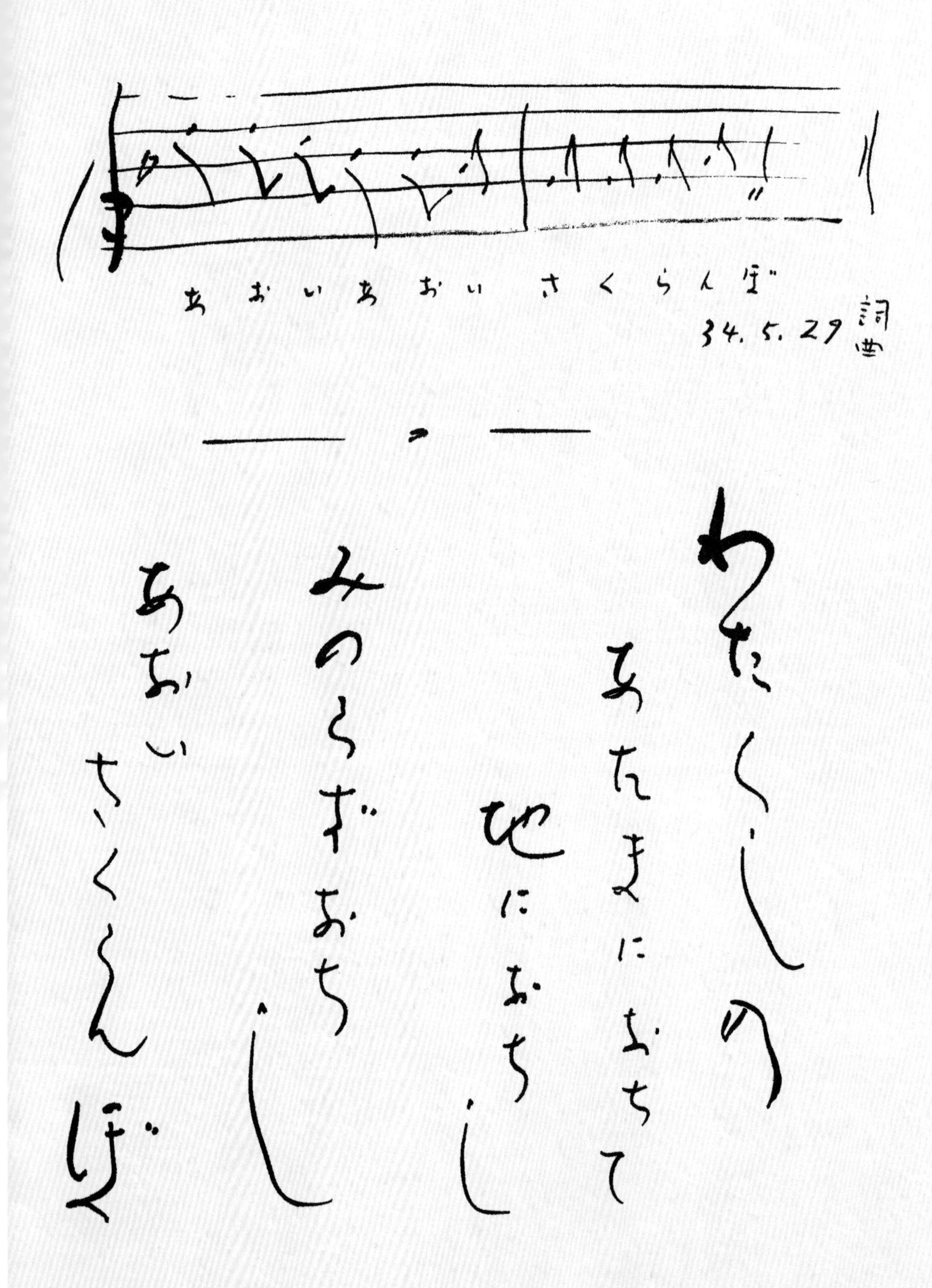

あおいあおい さくらんぼ
34.5.29 詞曲
わたくしの
あたまにおちて
地におちし
みのらずおちし
あおいさくらんぼ

私の頭におちて

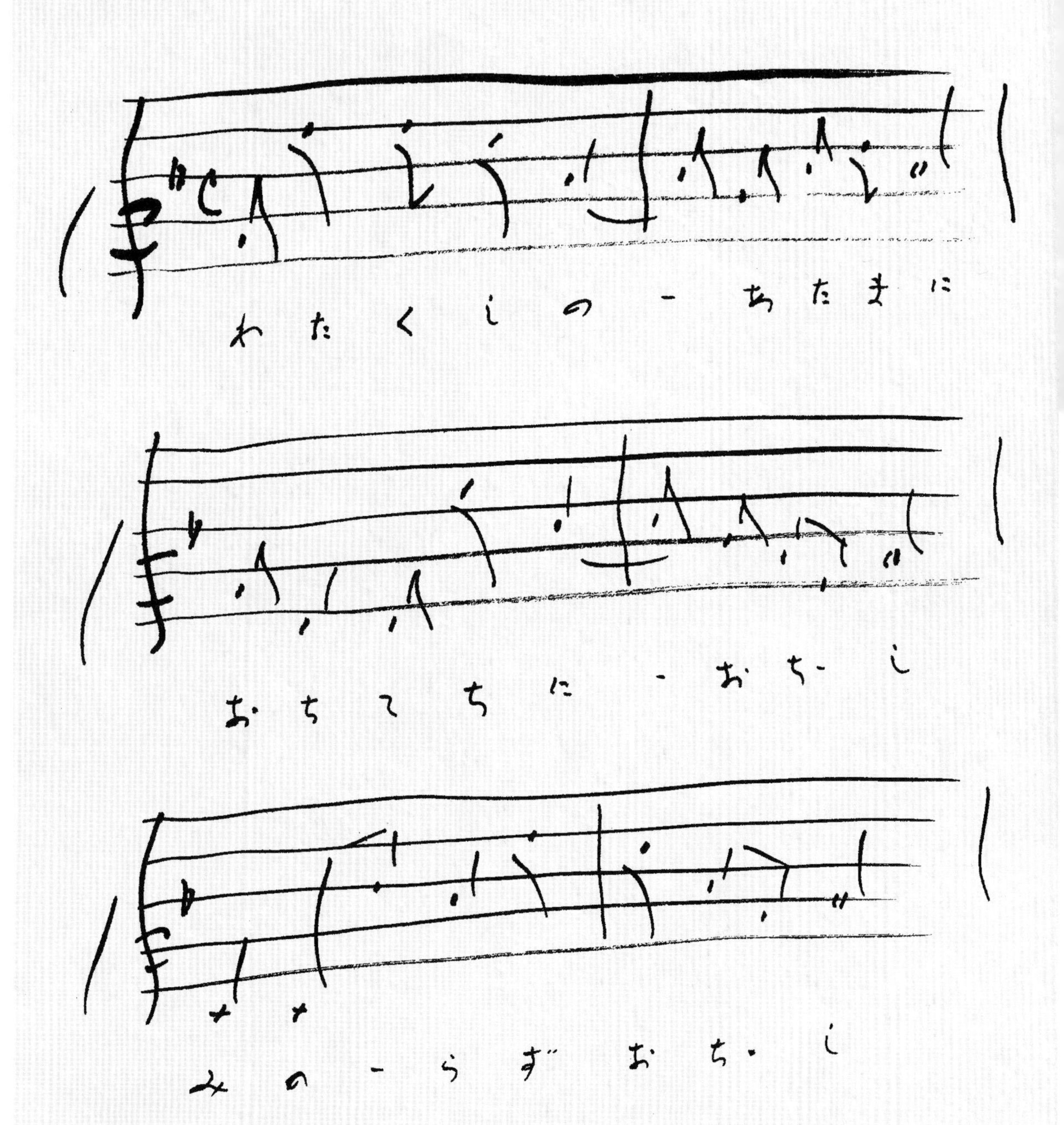

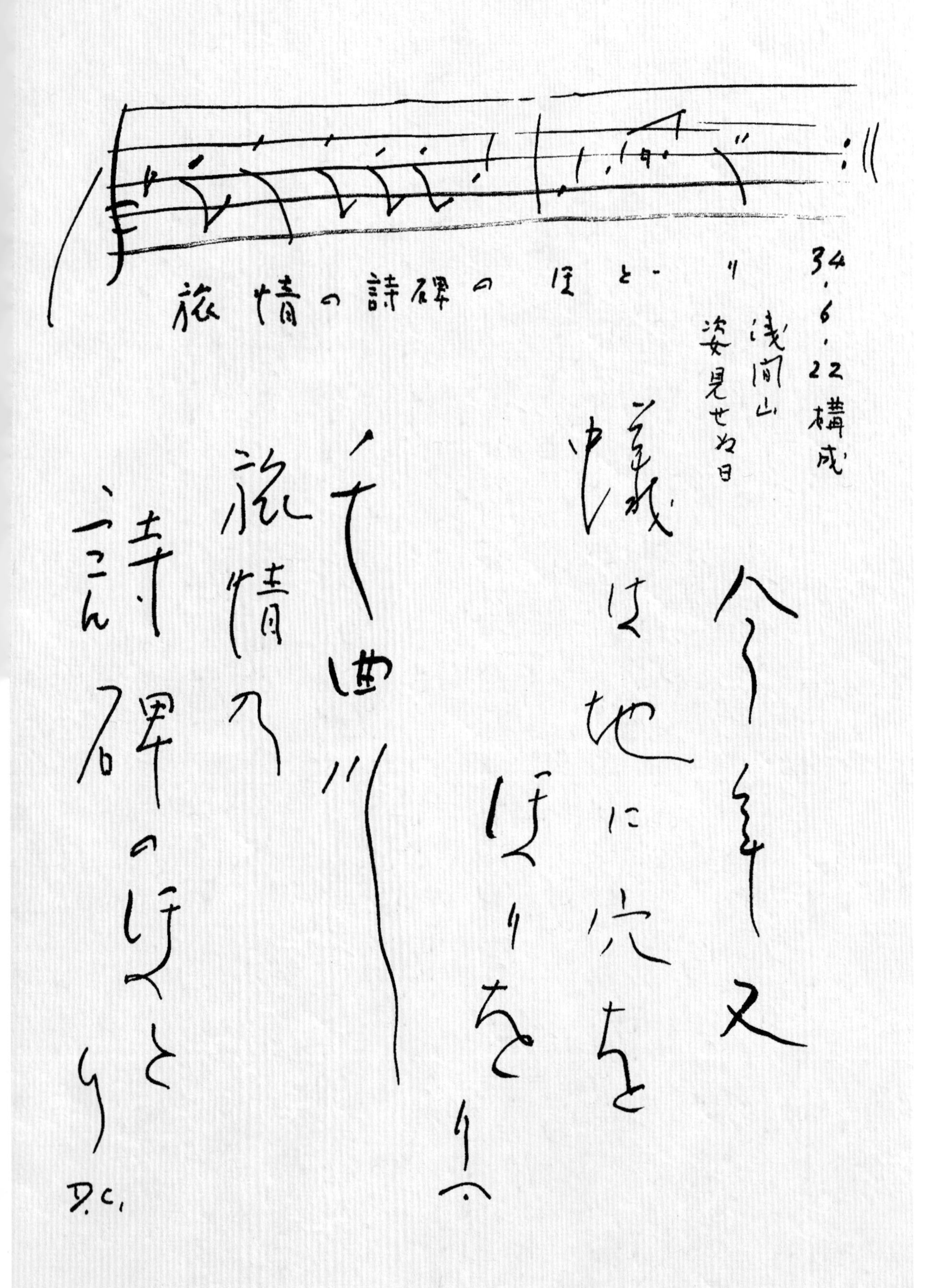

旅情の詩碑のほとり
34.6.22 構成
浅間山
姿見せぬ日
今年又
蟻は地に穴をほりをり
千曲川
旅情の
詩碑のほとり
D.C.

今年又蟻は

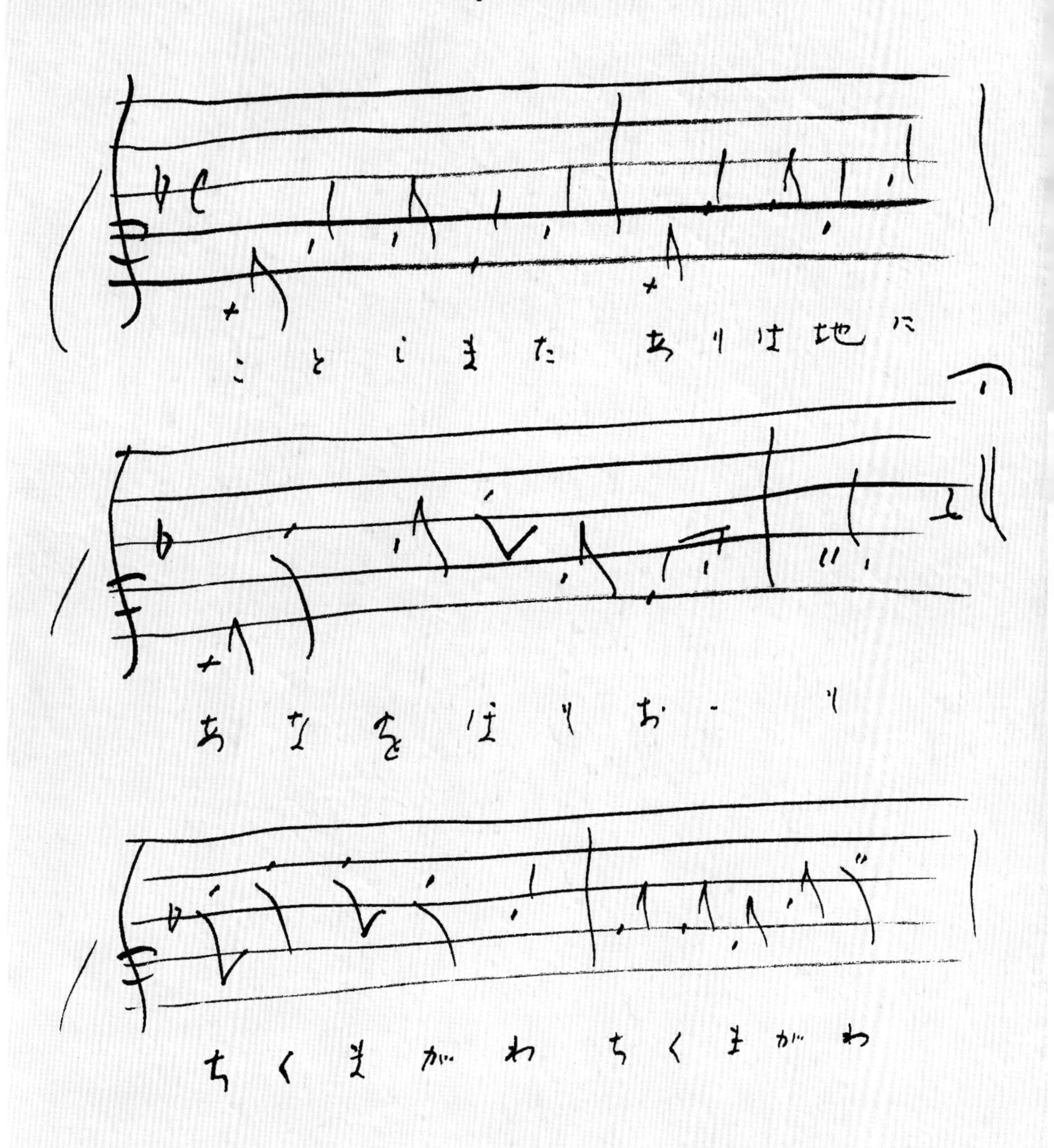

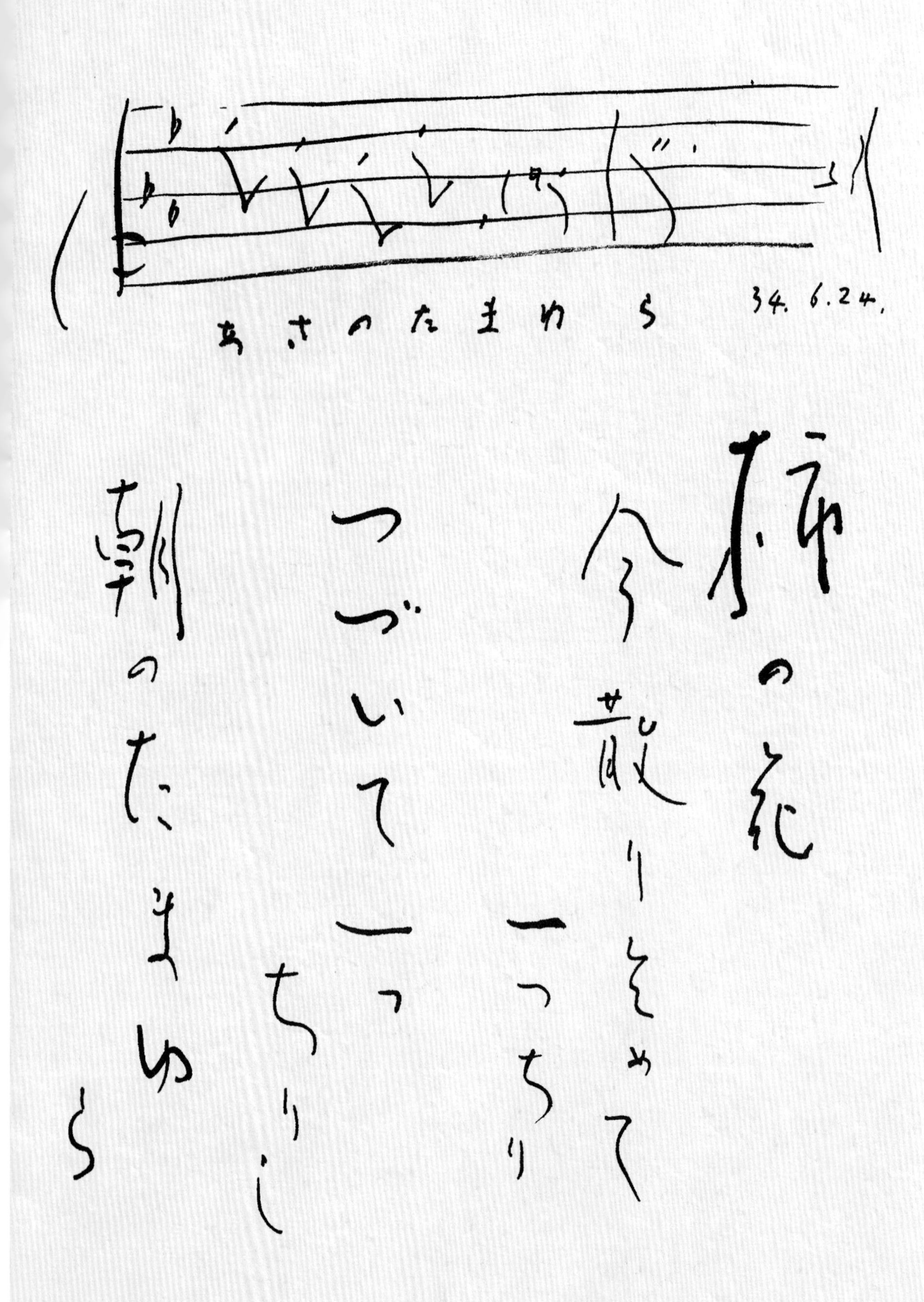

あさのたまゆら
34. 6. 24.
柿の花
今散りそめて
一つちり
つづいて一つ
ちりし
朝のたまゆら

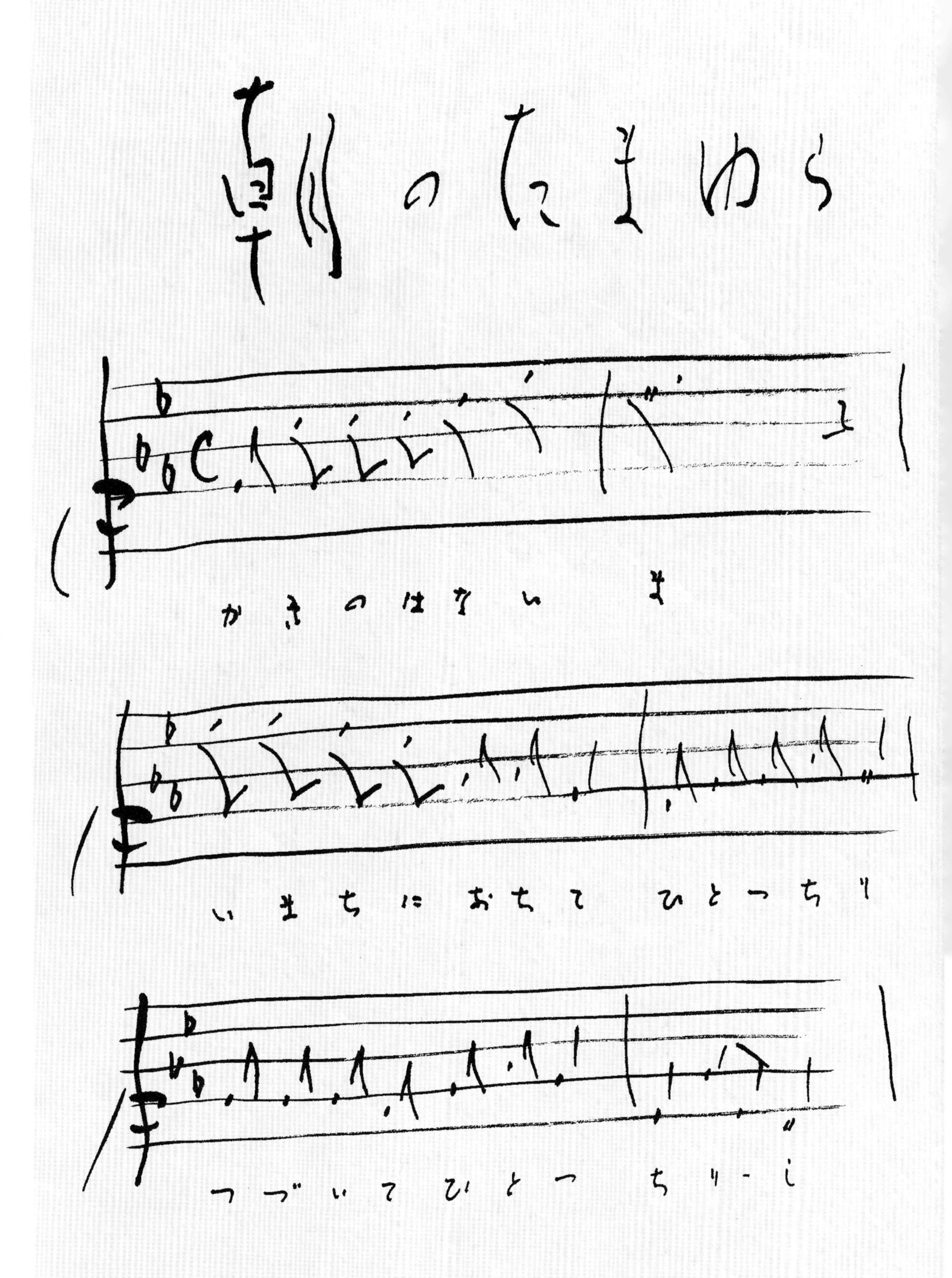
朝のたまゆら
かきのはない ま
いまちにおちて ひとつちり
つづいてひとつ ちりーぃ

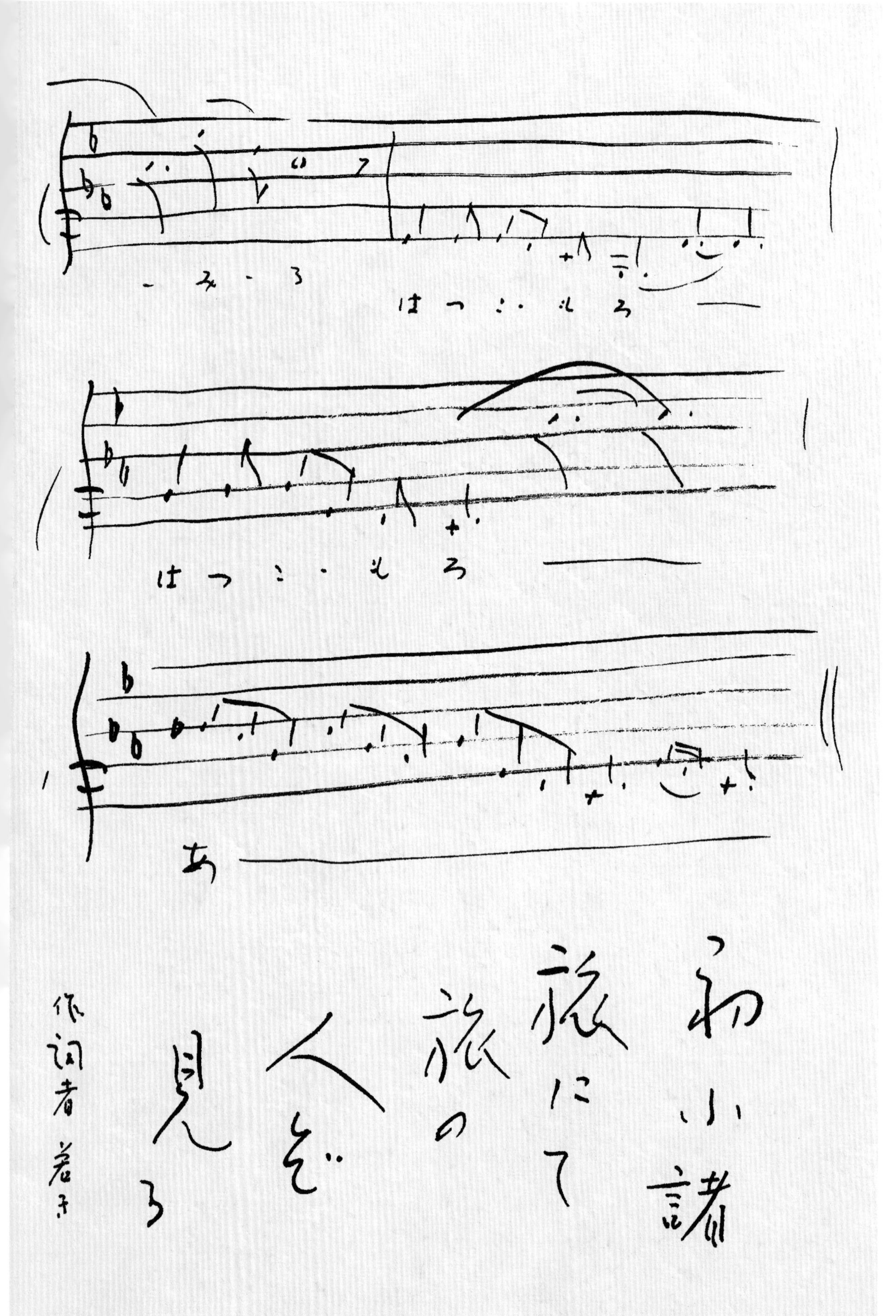

ーみーろ
はつこころ
はつこころ
あ
わ小諸
旅にて
旅の
人ぞ
見る
作詞者 岩子

初心誦
はつこーころ
はつこーころ
たびにて たびにて
たびのひーとぞみる
旅人
ありし

碑のそばの
松の木とにて
作曲34.9.20.
去年の歌

さかずなーりにーき

彼岸過ぎても
咲きおりし露草の
花もいつしか
咲かずなりにき

咲かずありにき

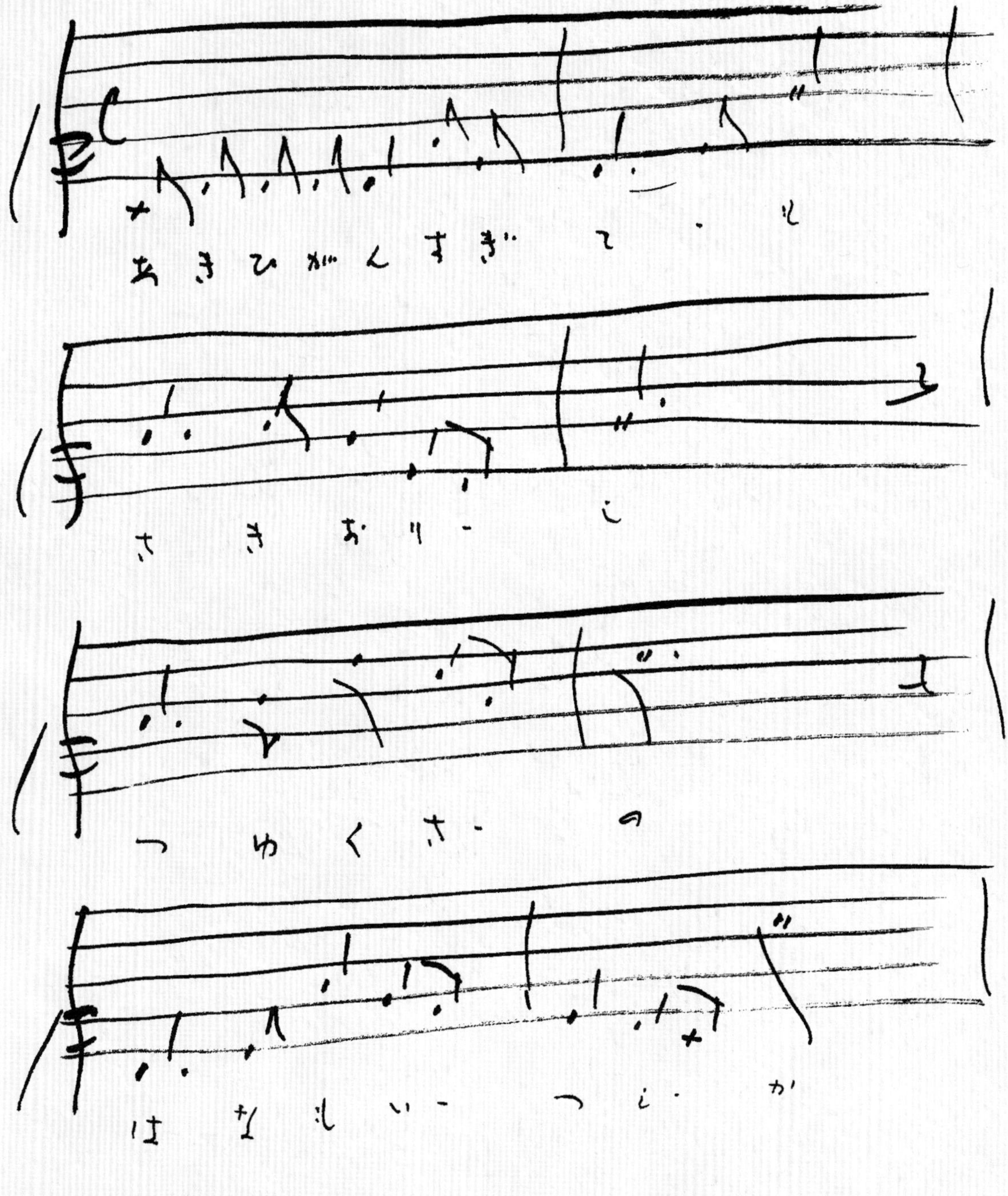

あ き ひ が ん す ぎ て

さ き お り ー し

つ ゆ く さ ー の

は な し い ー つ し か

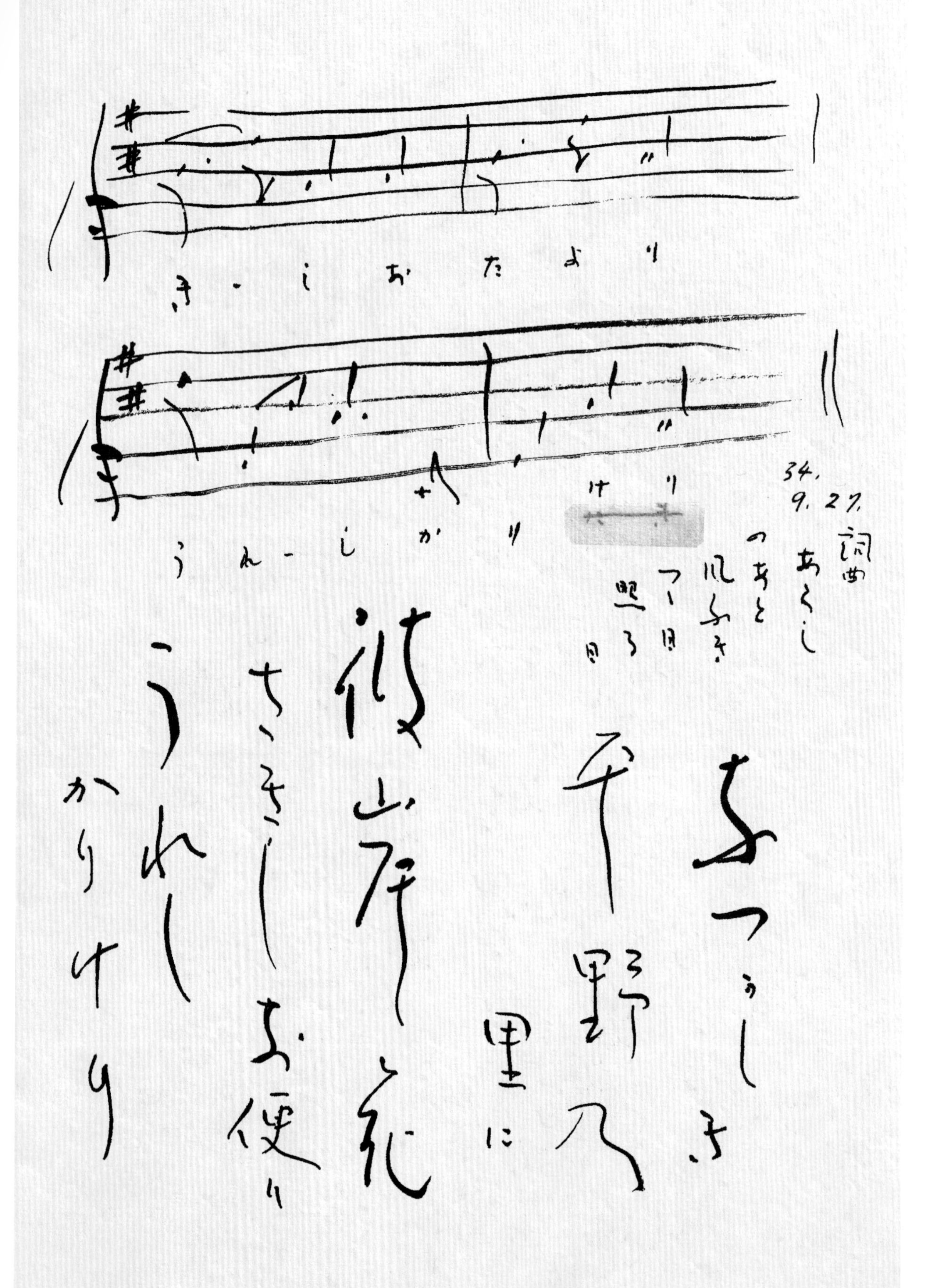

き ー し お た よ り
う れ ー し か り
け り
34.
9. 27.
詞曲
うれし
かりけり
お便り

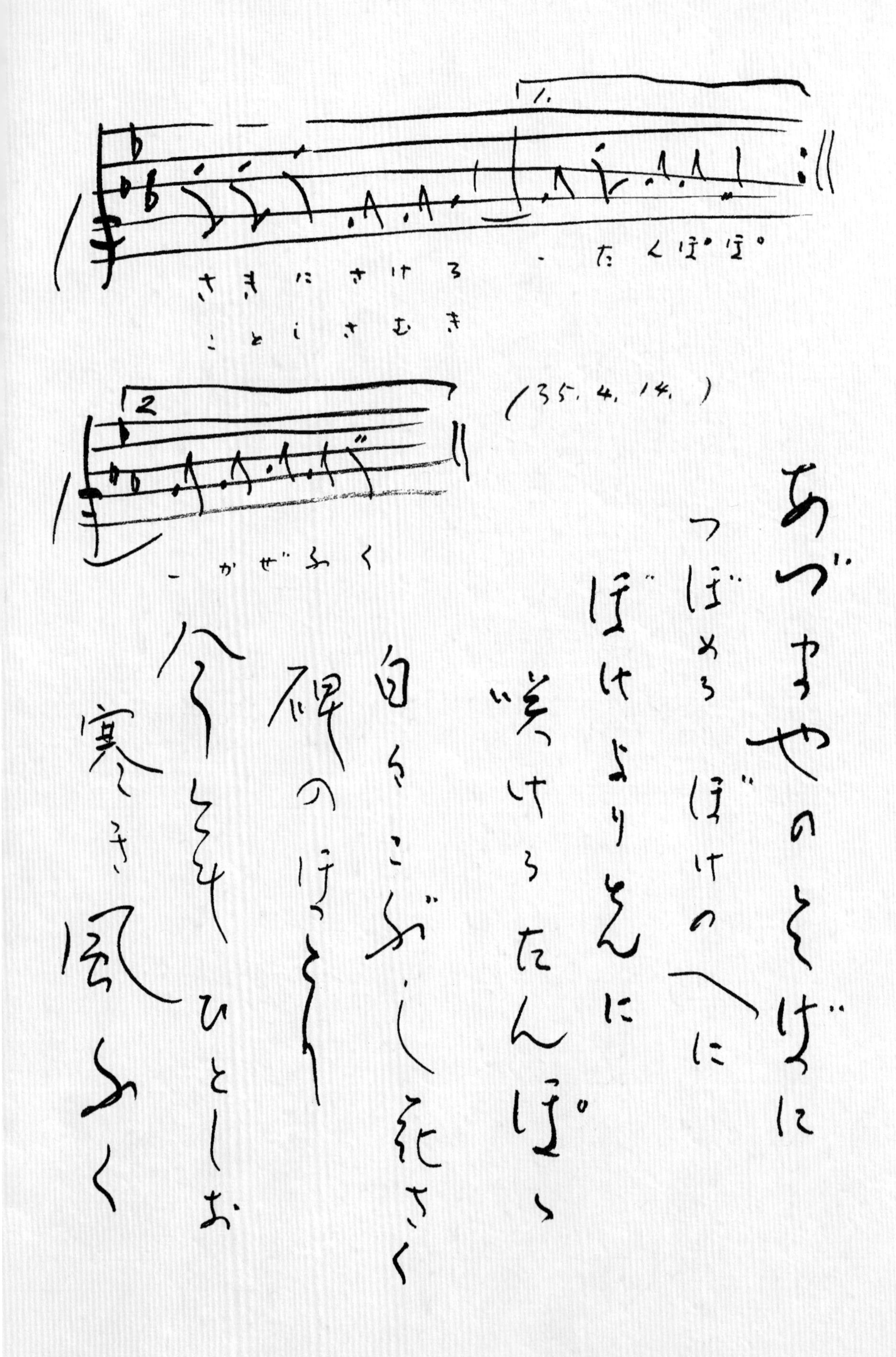
1.
2
さきにさける　ーたくぽぽ
ことしさむき
ーかぜふく
(35. 4. 14.)
あづまやのかげに
つぼめるぼけのへに
ぼけよりさきに
咲けるたんぽゝ
白きこぶし花さく
碑のほとり
今年ひとしお
寒き風ふく

ぼけより先に

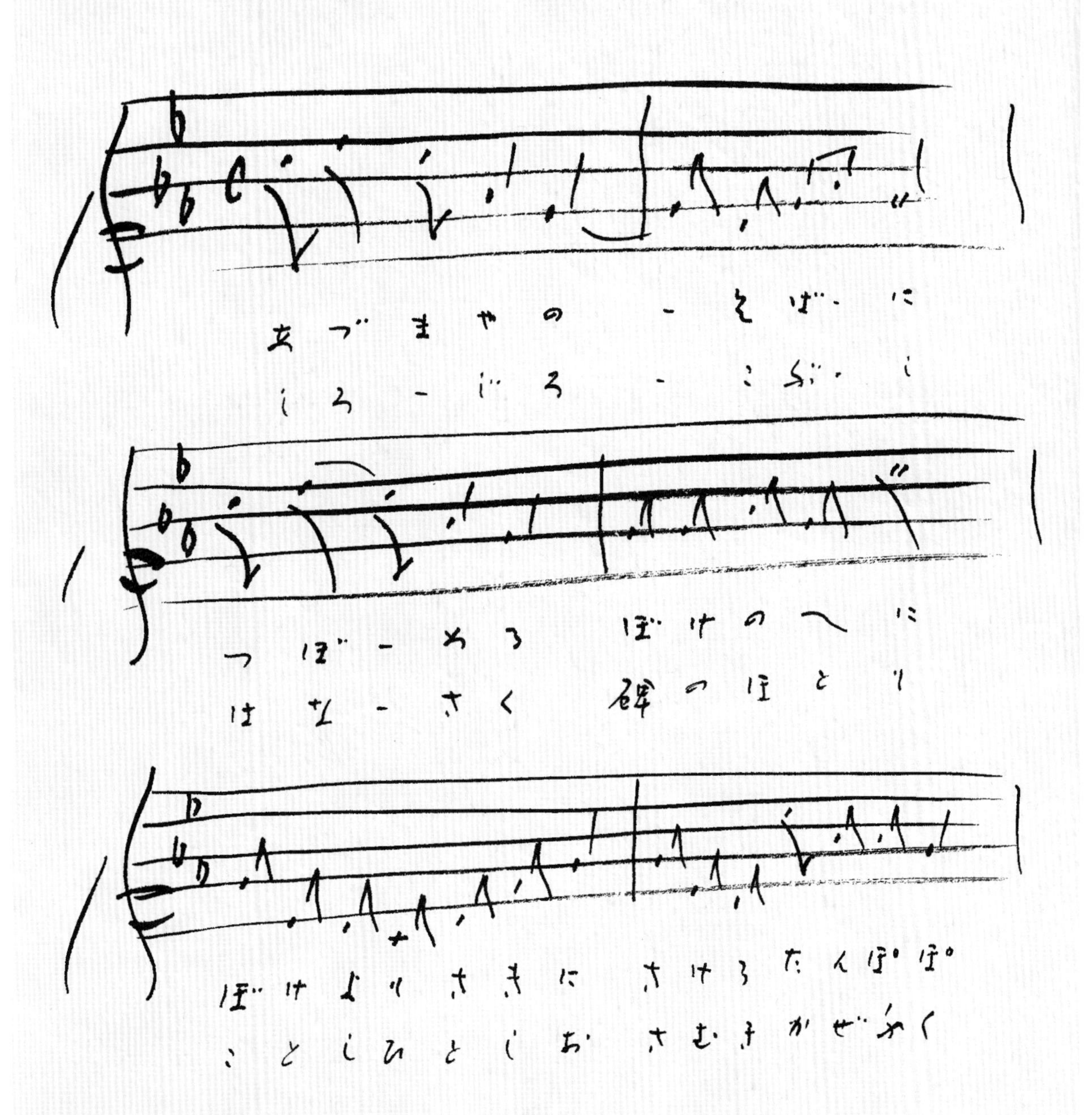
あづまやの ー そばー に
いろーじろ ー こぶー し
つぼーめる ぼけの〜に
はなーさく 碑のほとり
ぼけよりさきに さけるたんぽぽ
ことしひとしお さむきかぜふく

としすぎし小諸より見る
浅間山昨夜（よべ）の夜雨に浅間
雪ふり

浅間山雪の流えてし
佐久の雨
浅間山には白く雪ふり

浅間雪ふり

（夜雨に）

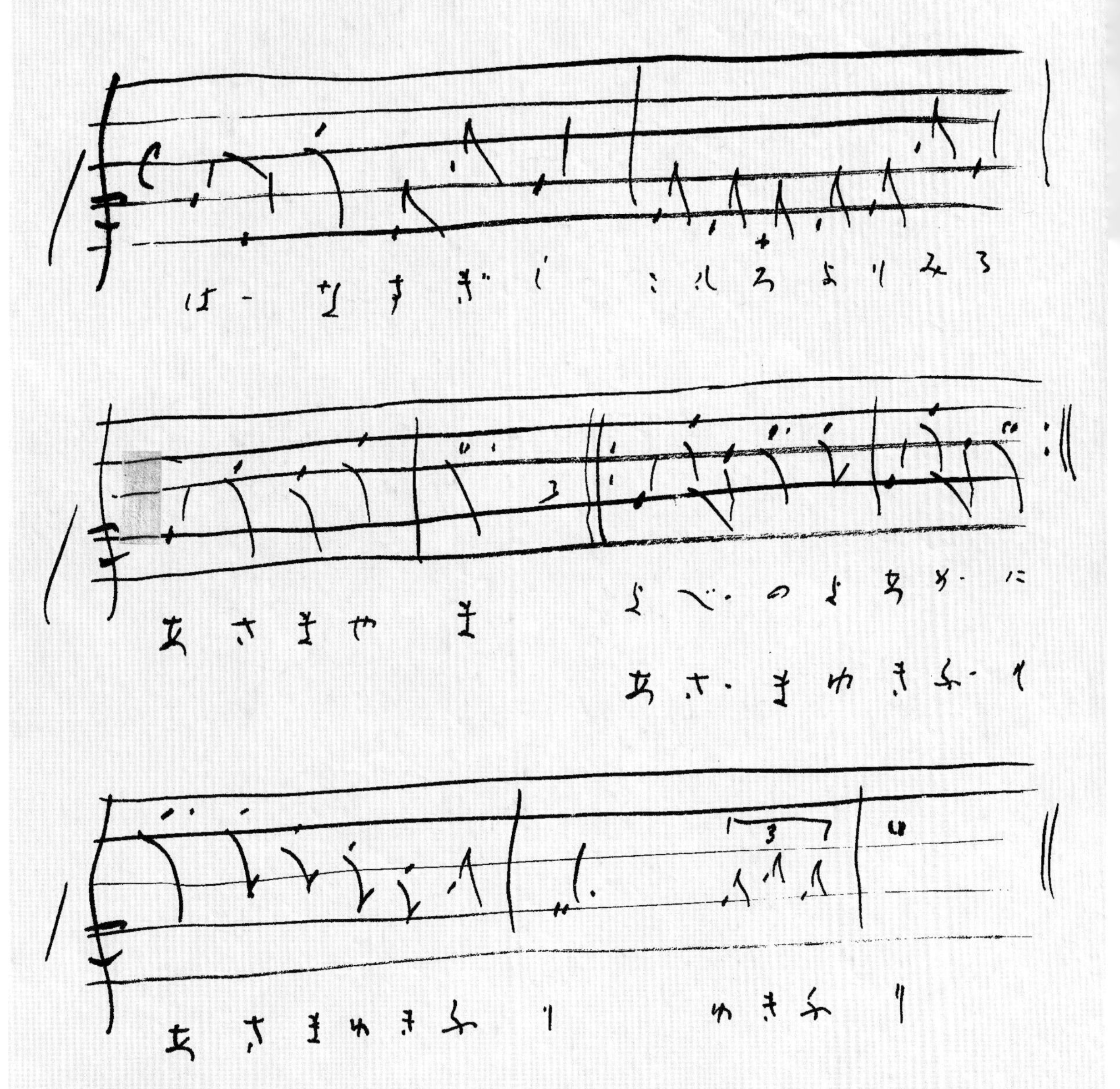

35. 5. 1.

白樺は白くし
あれば
あしびきの
上北は暮れに
ほの白かりし

白樺は

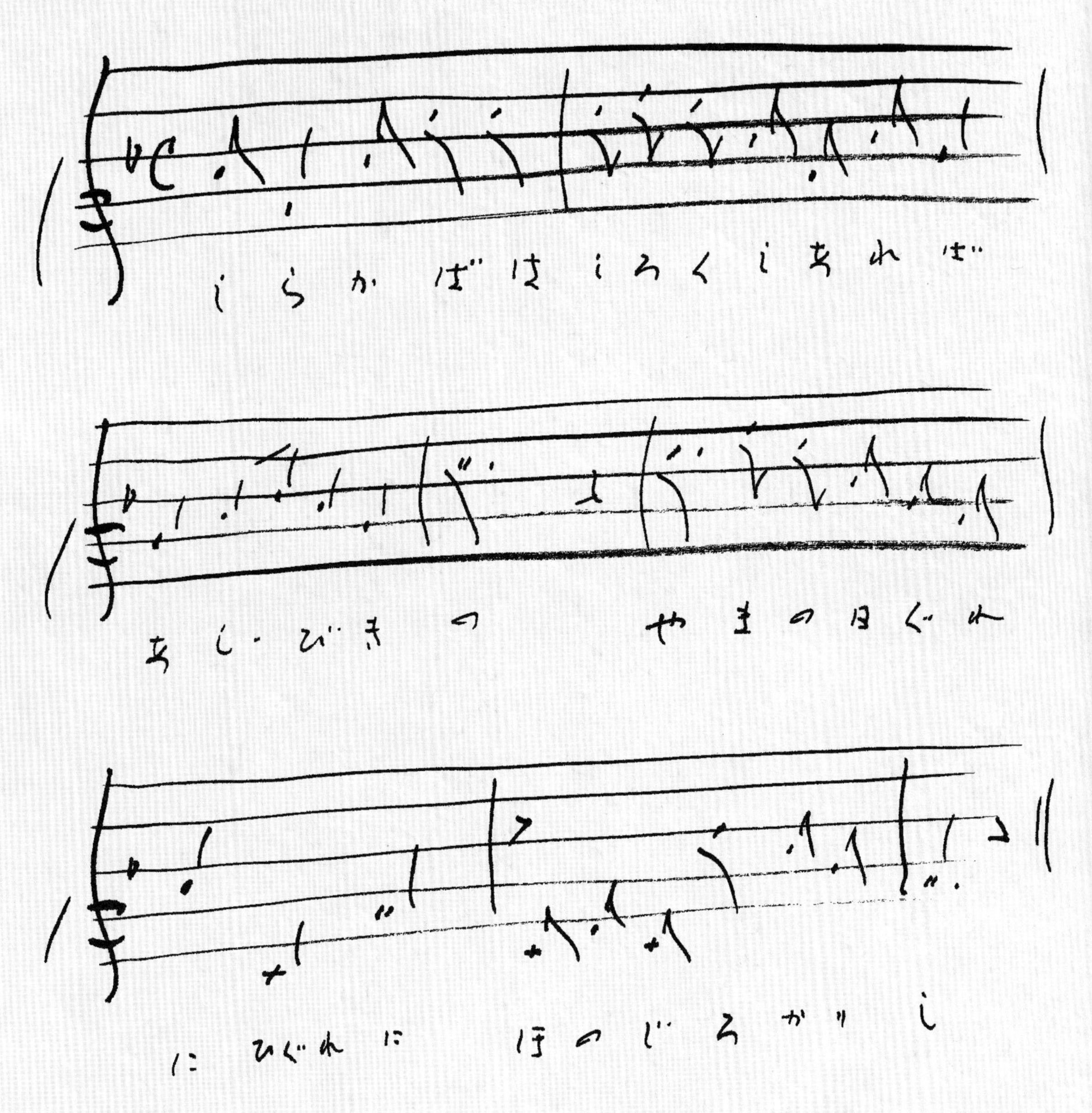

35.5.3.

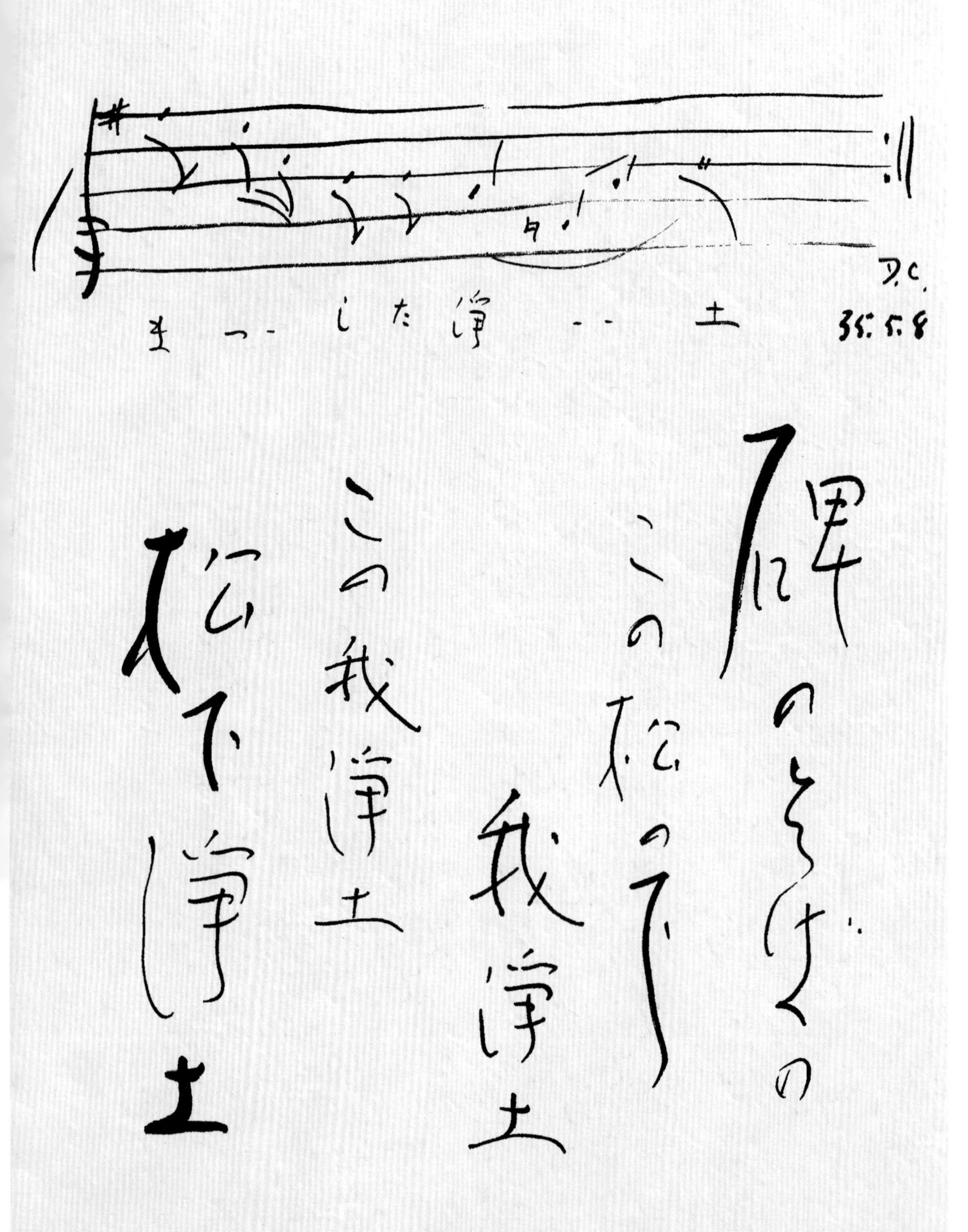

D.C.
ま ー ー し た 浄 ー ー 土
35.5.8
この松の下
我浄土
この我浄土
松下浄土

松下浄土

小諸より見る八ヶ岳
八ヶ岳
高嶺雪あり　五月雪あり
（汝亦）
万象無念　吾亦無念

五月雪あり

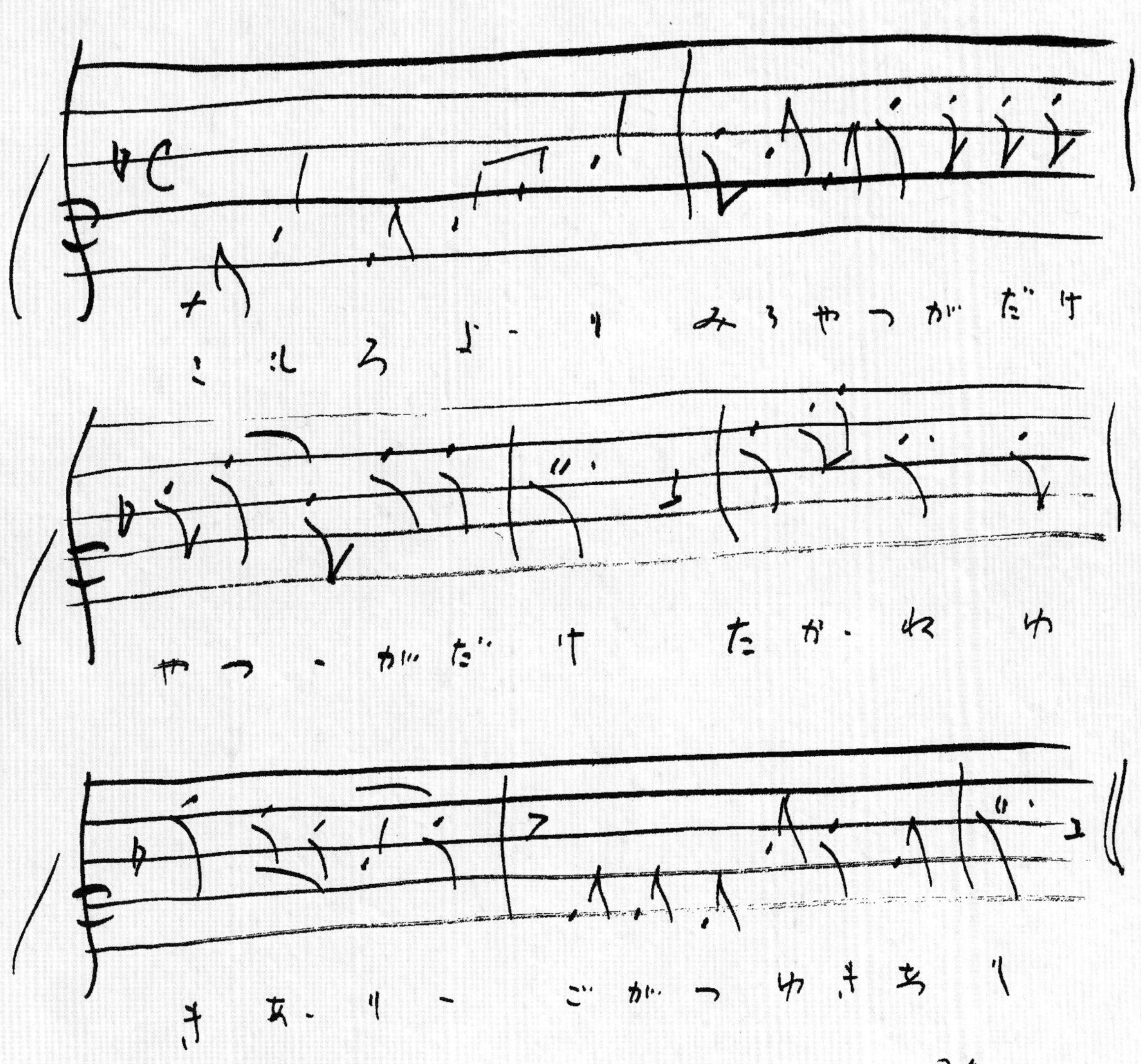

35.5.13.

よね川―旅情の碑のほとり
松の下にしくぬぎの花ちり

よね川―旅情の碑のほとり
古きくぬぎにふじの花さき

千曲川―旅情の碑の
ほとり松の下にし藤の花ちり

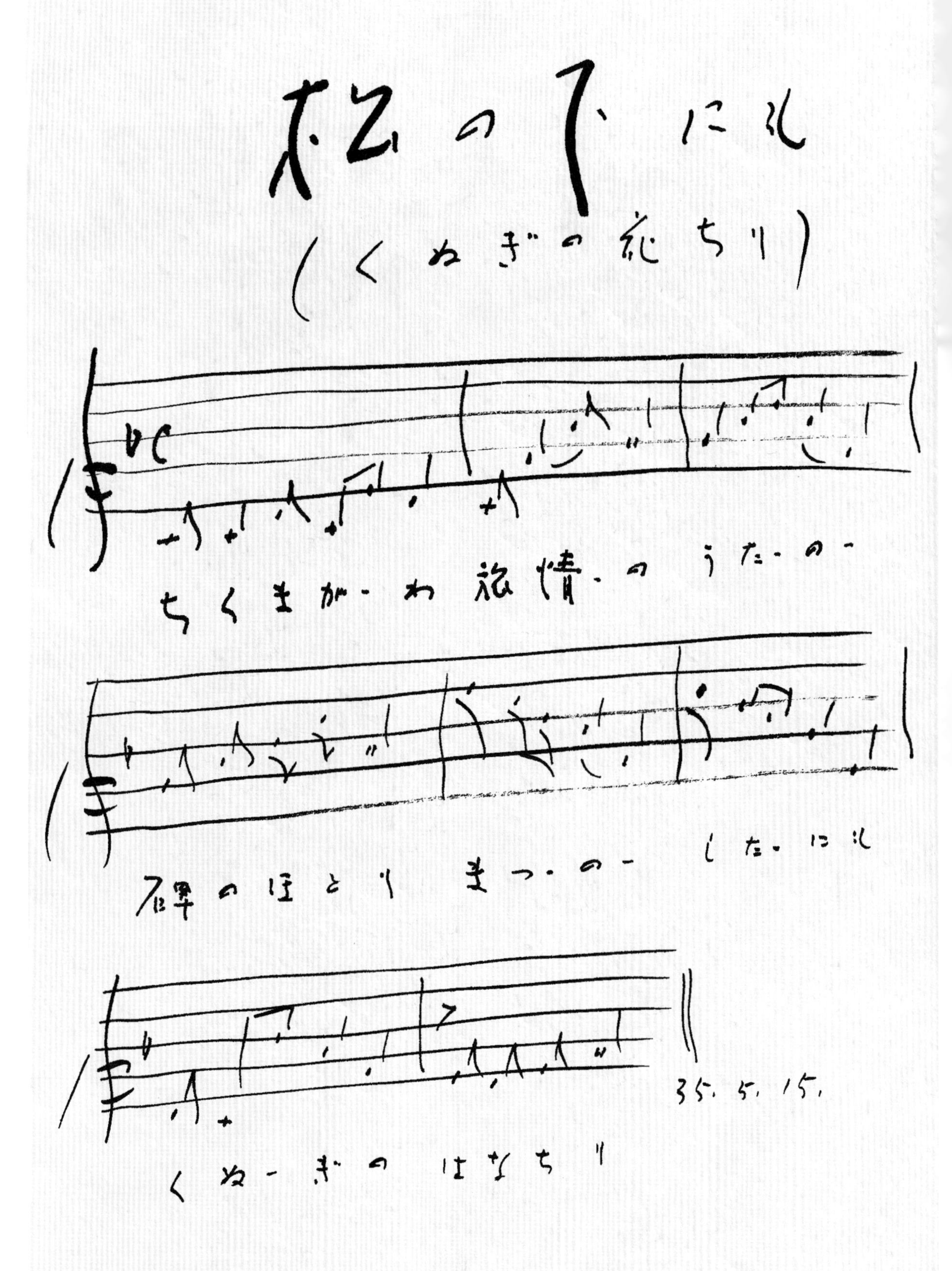

松の下にて
（くぬぎの花ちり）
ちくまがーわ 旅情ーの うたーのー
碑のほとり まつーのー したーにて
くぬーぎの はなちり
35. 5. 15.

遥はへの花は
ちかりに雁の
ほとり

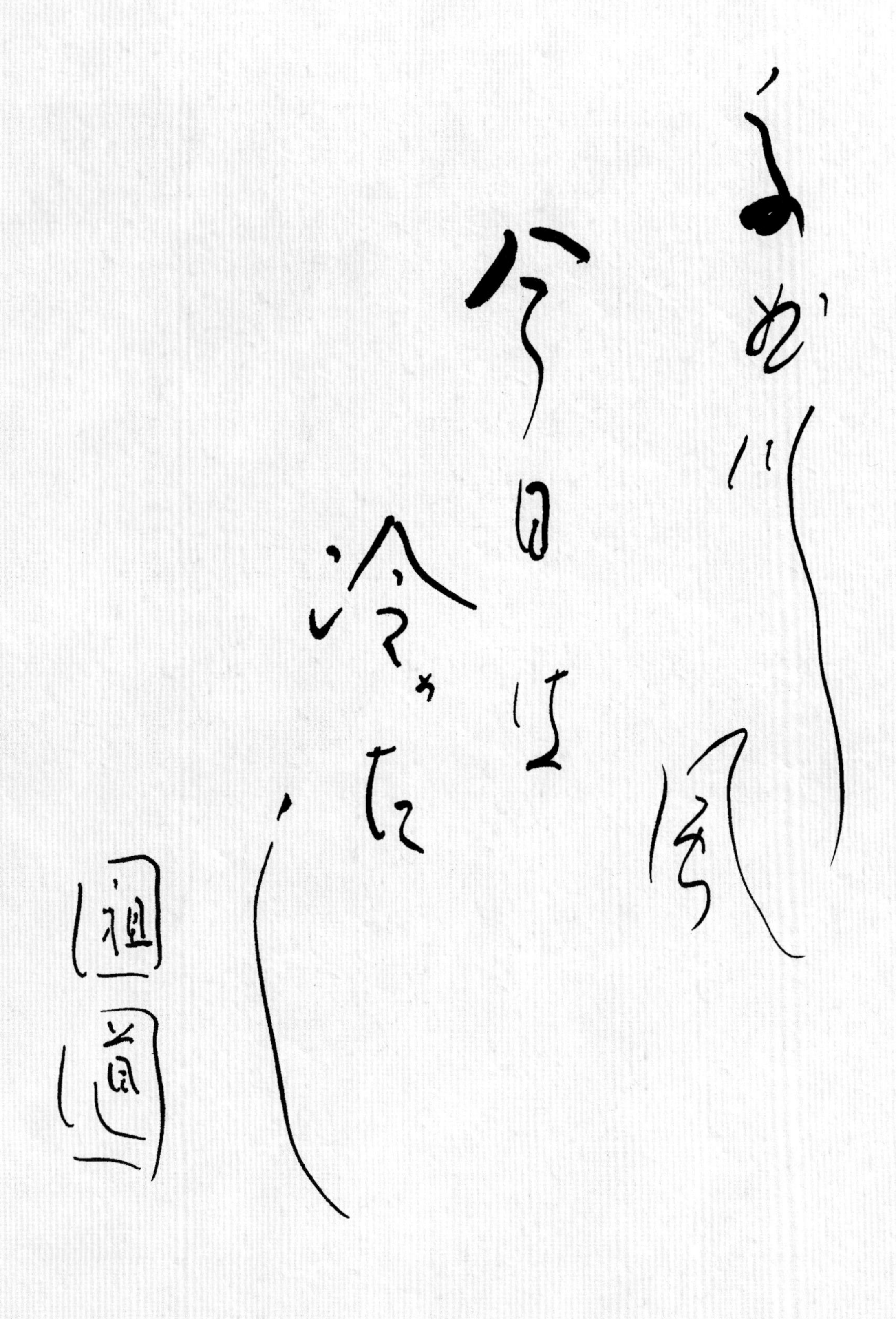
よめがはし風
今日は冷たし
祖道

ているので おのづから みちに そ
のはなこぼれ ー いくつかはと
おるひとに ふまれている
桐の木の下に桐の花こぼれ
つゝじの木の下につゝじの花
白くちりこぼれ
桐の木が道に枝をさし
のべているので
おのづから道にその花
こぼれ
幾つかは通る人に
ふまれている
野村玉枝詞
渋谷先生35.6.9.夜
宇奈月の宿にて作曲
35.6.17

桐の木の下に
はやくなく
mf
きりの木のしたに きりのはなこぼ
mp
れ つつじの木のしたに つつじ
p
mp
きりの木がみちに えだをさしのべ

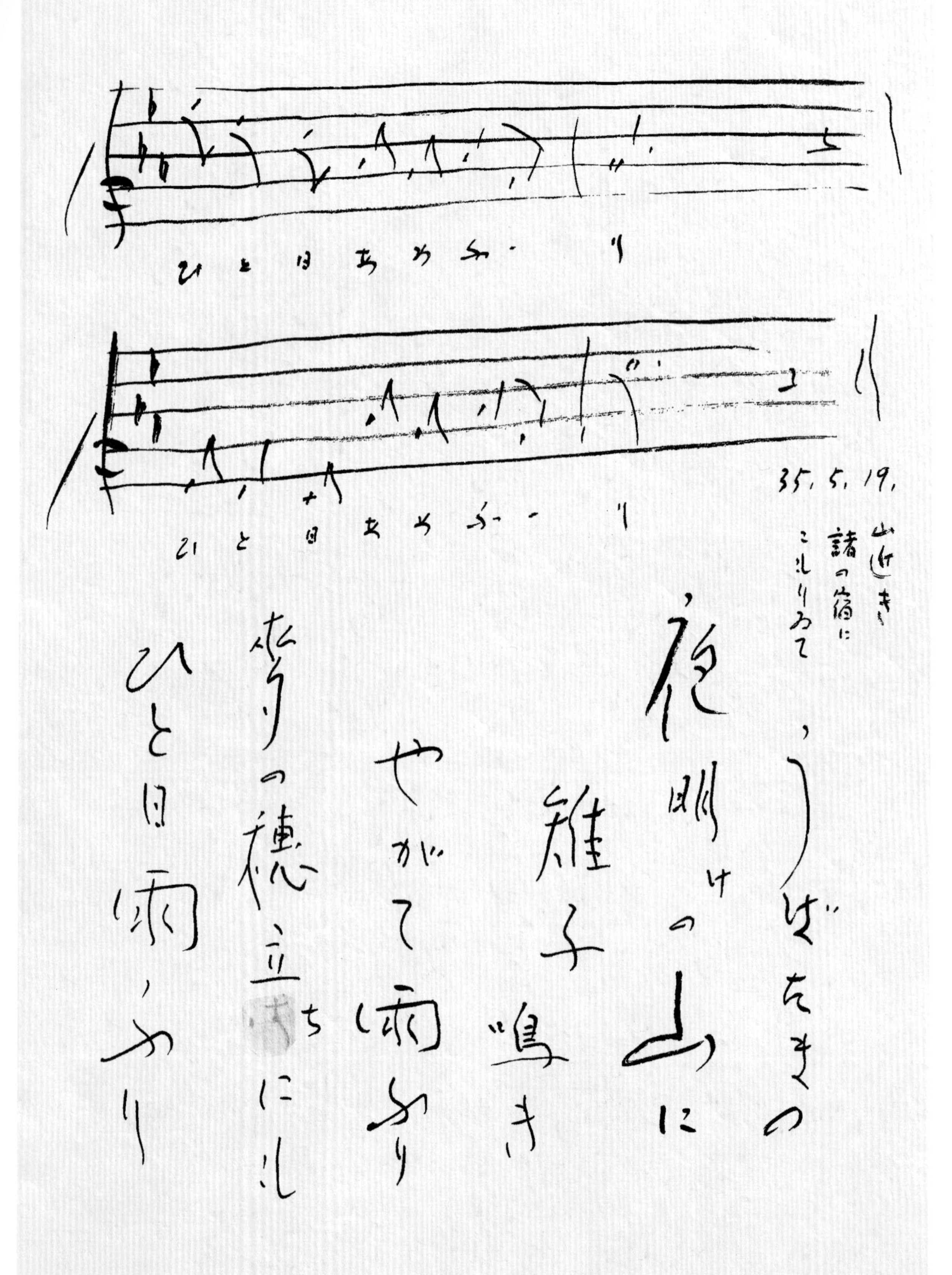

ひと日あめふーり
ひと日あめふーり
35, 5, 19,
諸の宿に
こもりゐて
げたきの
夜明けの山に
雉子鳴き
やがて雨ふり
りの穂立ちにし
ひと日雨ふり

ひと日雨ふり

はな・うつくしも
よこ・はまのひと

はなうつくしし
よこはまのびと

35. 5. 21
詞曲

菜の花咲く下にさいて
いろ
山芹の
黄なる花
うつくしし
碑のそばの松の下にて
しばぶえちを
きこしこの人
横濱のひと

山芹の花

ふじ - さ み - の はな
碑の - そ ば - の まつ
さくしたにさい - ている
のしたにてじば - ぶえを
やまぜりのきな - る
ききーしこのひーと

35、9、17 その日より
風に流る、松の花
の粉、うたに思いつ
つ、35、9、29 夕べ
碑のそばにて
詞曲

3

る　はなの　こ

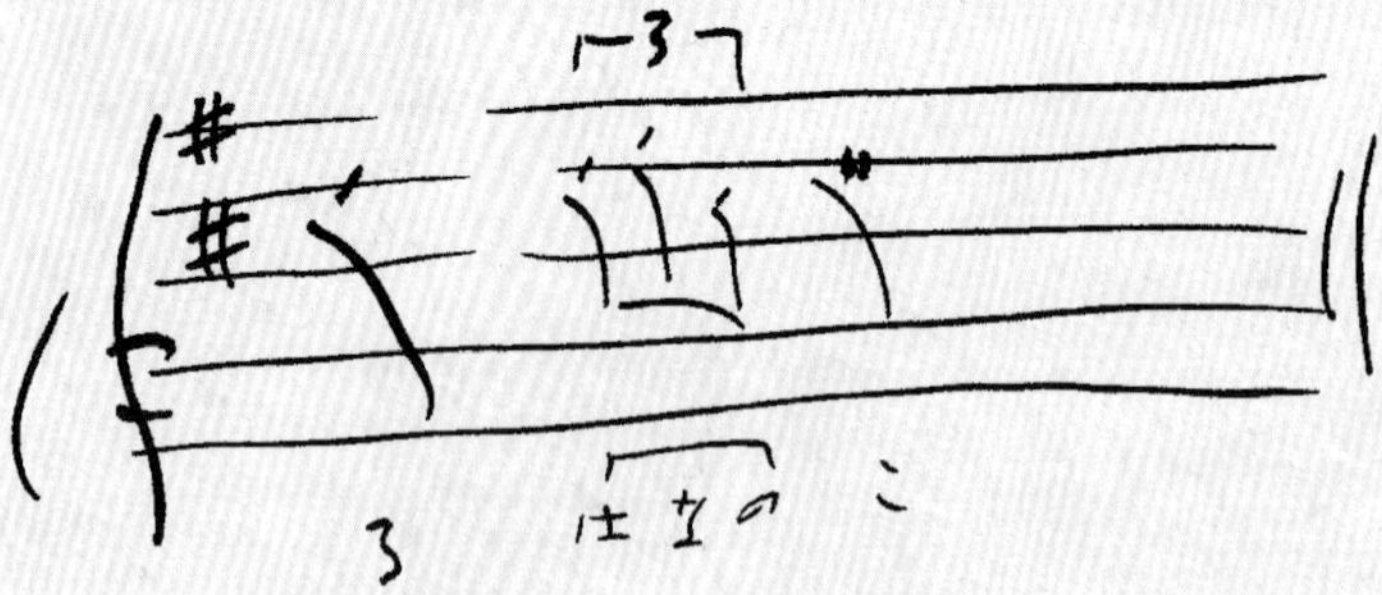

松の花
今日ふく風に
吹く風に
黄なる花の粉風に
流るる（花の粉）

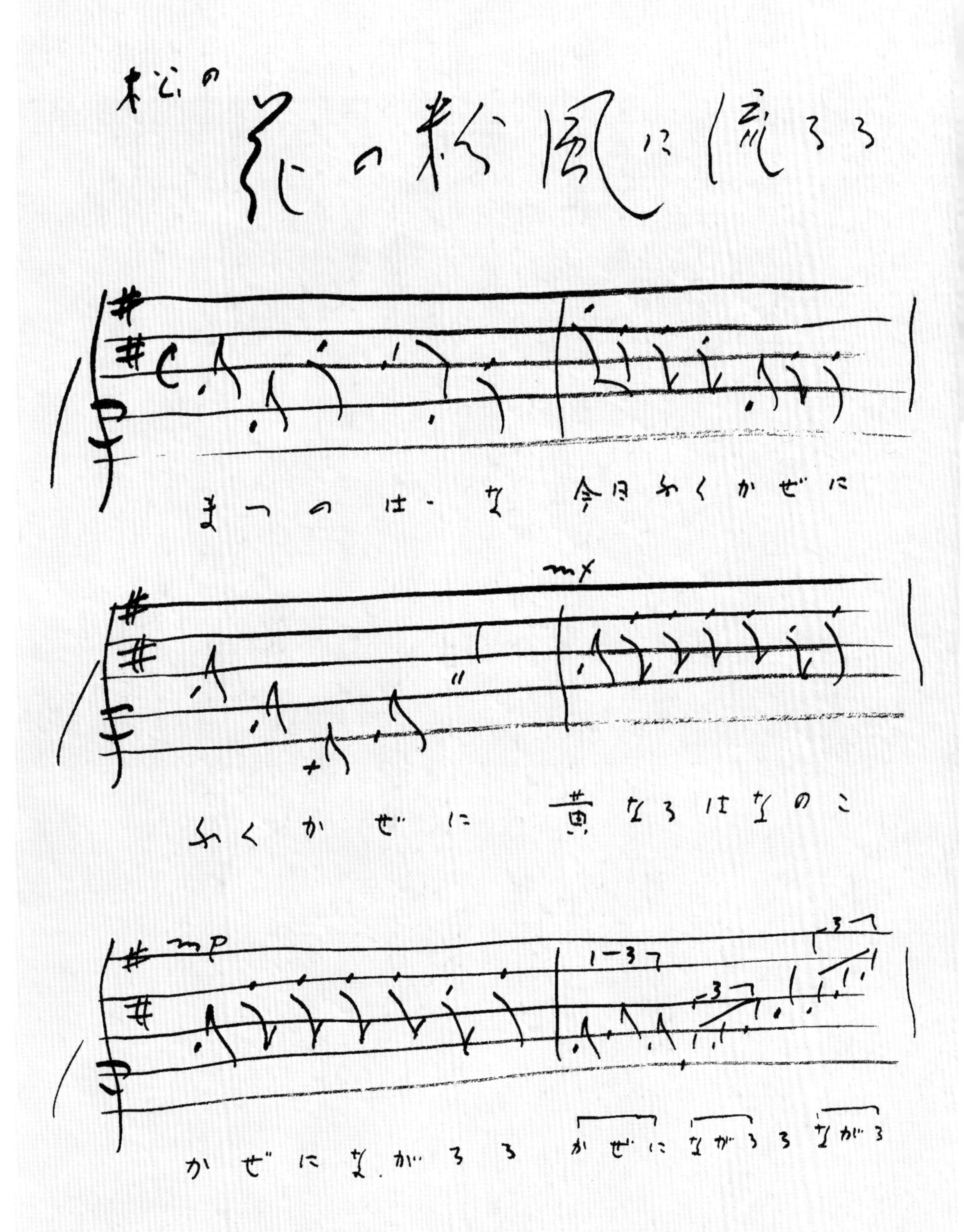

松の
花の粉風に流るる
まつのは-な 今日ふくかぜに
mf
ふくかぜに 黄なるはなのこ
mp
かぜにながるる かぜにながるる ながる

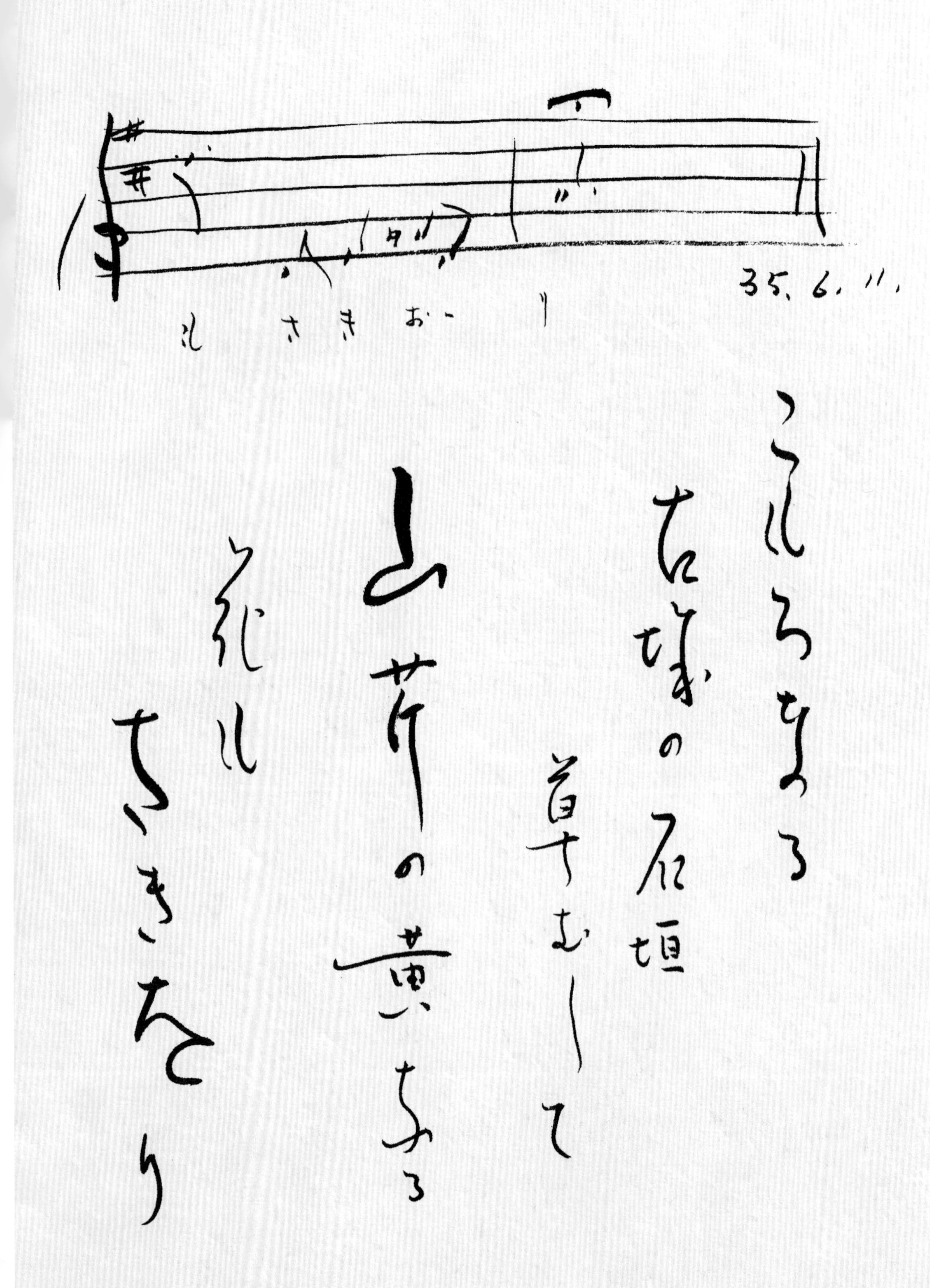
35. 6. 11.
こもろなる
古城の石垣
苔むして
山芹の黄なる
花し
さきたり

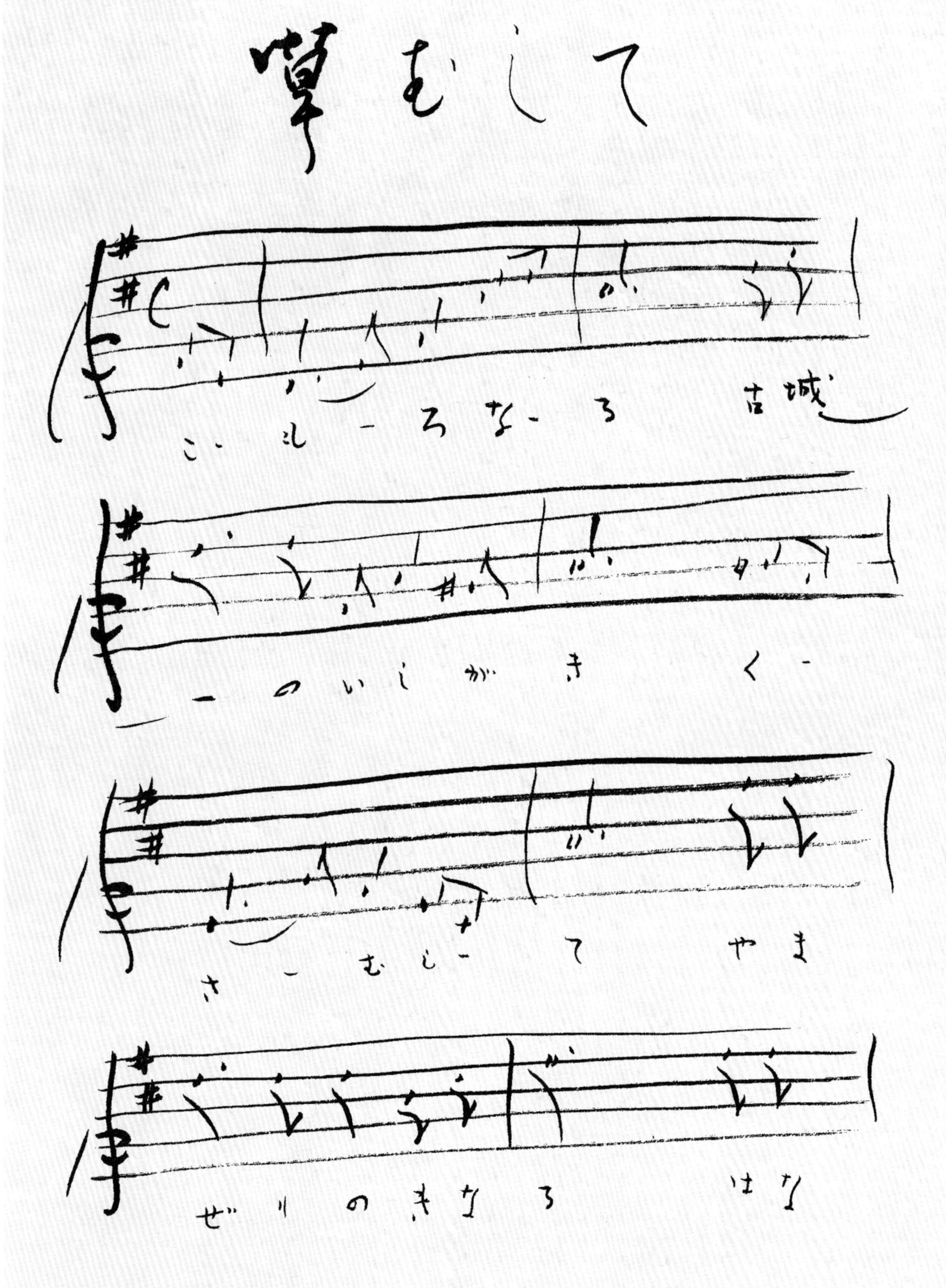
草むして
こ し ー ろ な ー る 古城
ー の い し が き く ー
さ ー む し ー て や ま
ゼ リ の き な る は な

ふるさとの山おもひつゝ
こゝろふる
えろ紀宿にて
わらびいただき

46. 8. 26.

わらびいただき

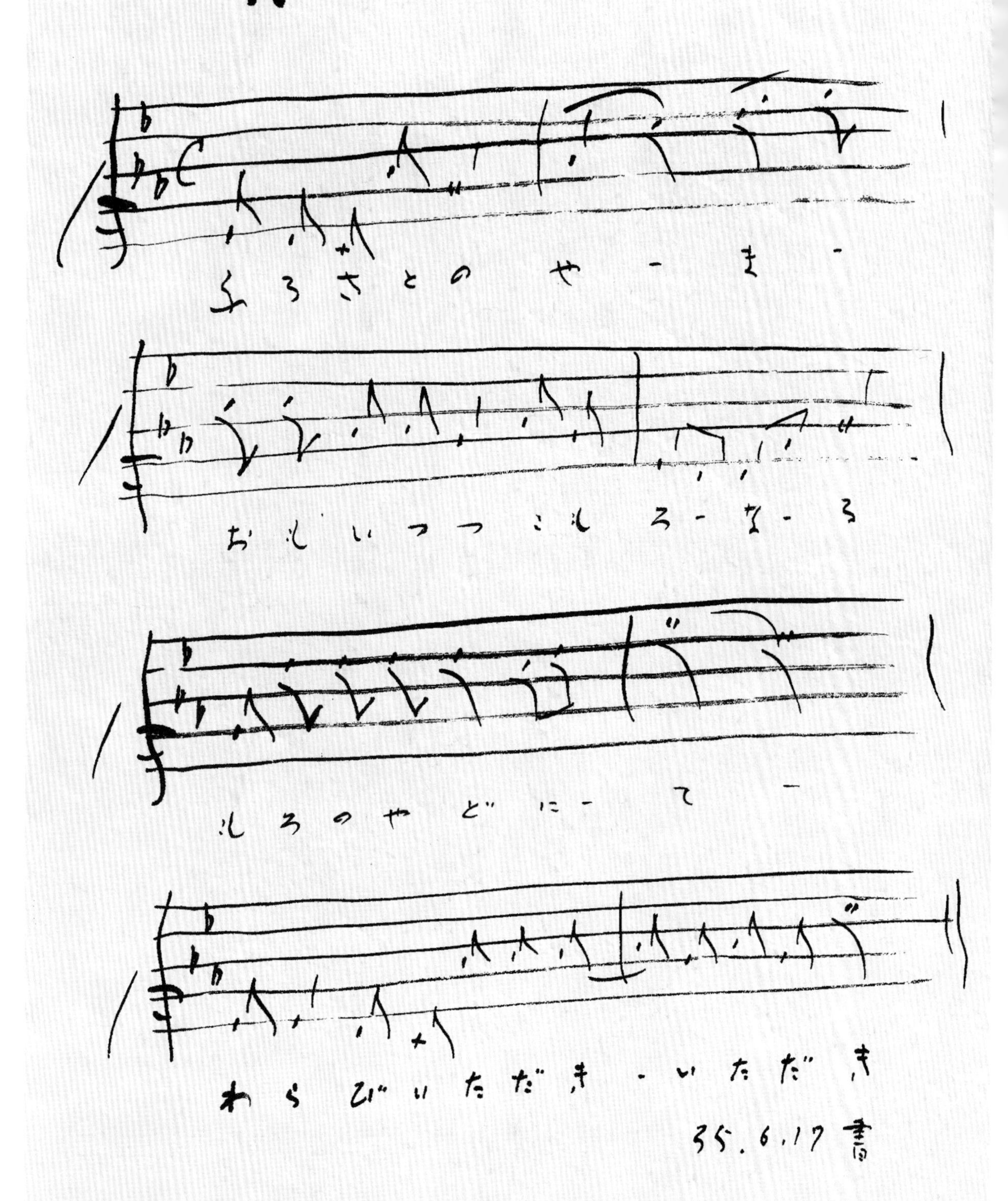

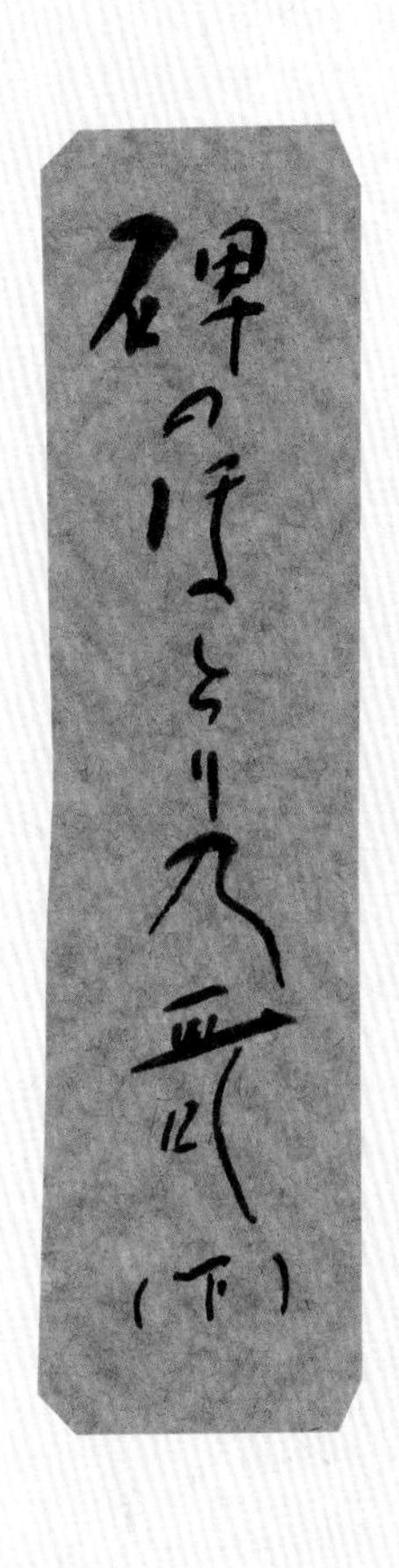

えんどうの花に
あざみにとまる
曇り日の
おもほゆ
残暑に
秋はやみ
沈む日拝む
小諸より見ゆる富士山
やぶの山吹
諸のわがやど
わが心なき
しぐればらばら
少なきよしも
つららさがりし
八ヶ岳もやよひ
たんぽぽうるわし
穂麦茂りて

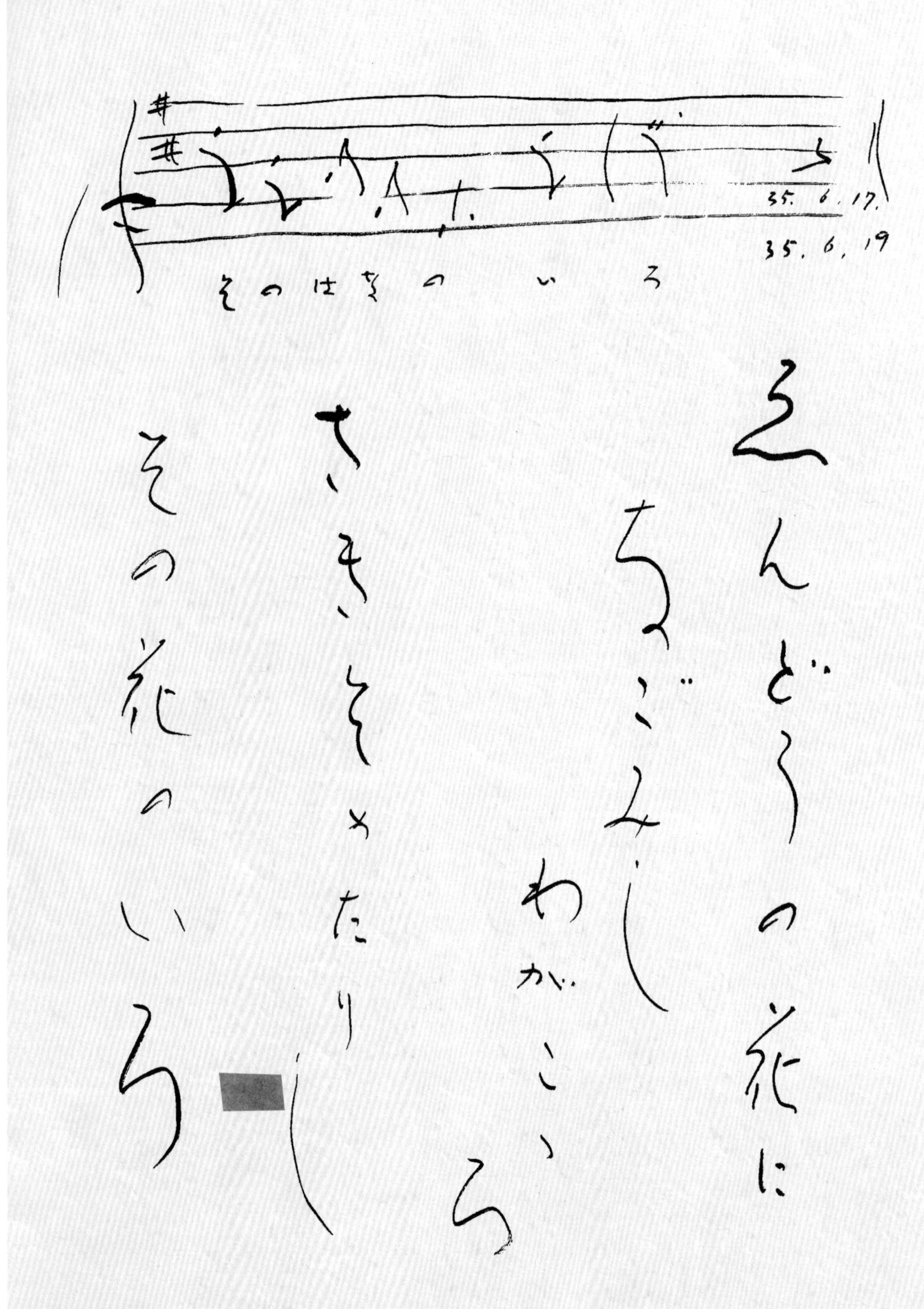
35. 6. 17.
35. 6. 19
そのはなのいろ
えんどうの花に
ちごみし
わがこゝろ
さきそめたりし
その花のいろ

えんどうの花に

信濃路へ
この橋袂
あざみにとまる
白い蝶々

蒲
つぼみさくろ

あざみにとまる

いなのざーの このはいたしと

つぼーみな る

あざみにとまる いろ

35. 6. 26.
35. 7. 9.

い ちょう ちょう

曇り日の古城訪う人もなく
いづこゆかきこゆ
寂しきふえのね
曇り日の古城にききし
くさぶえの
寂しきしらべ
忘らえぬかし

35・梅雨時　久川　写真同封の文より

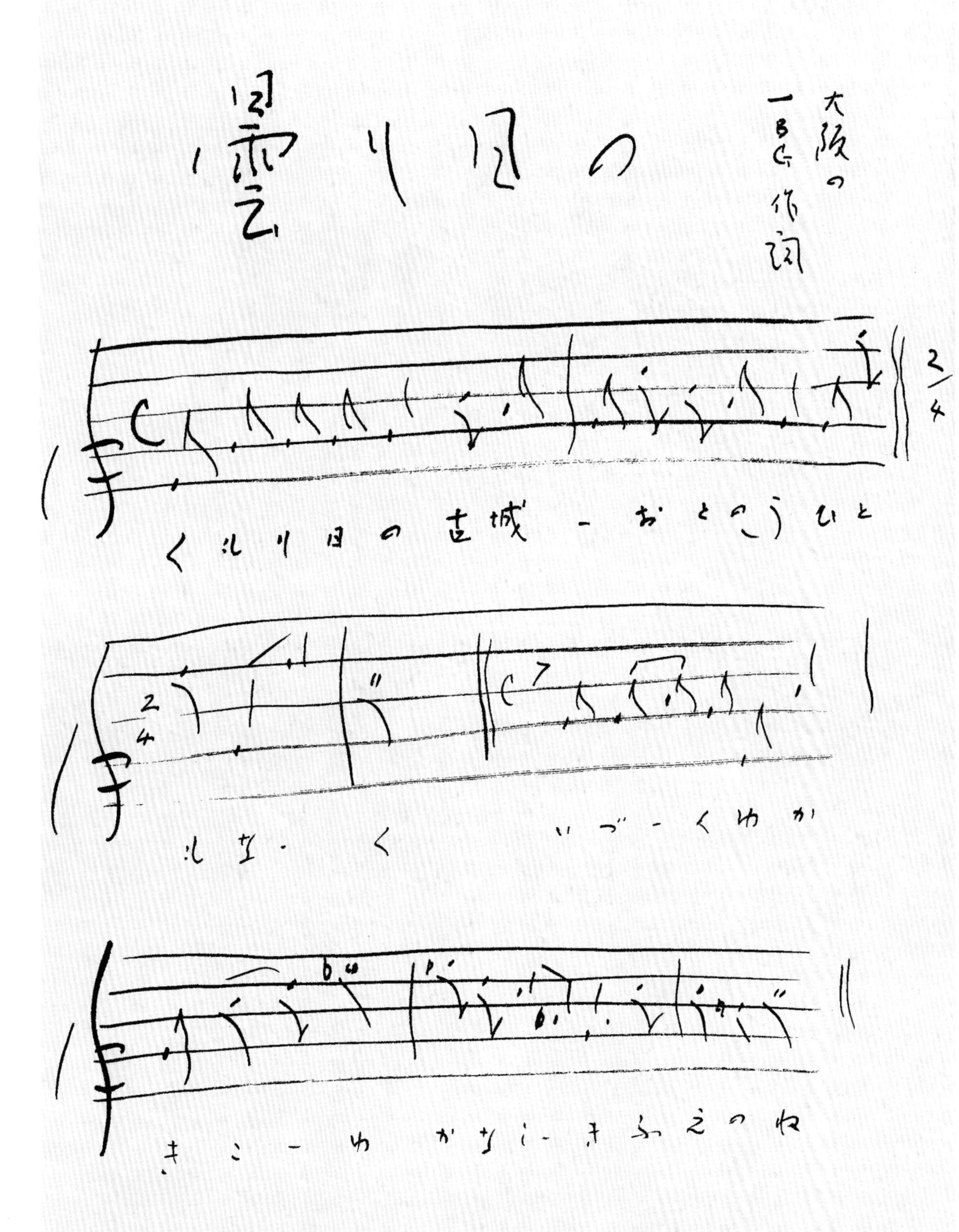

曇り日の
作詞
2/4
くもり日の古城

ひかおし絞りの
花よ咲きそめに
昼顔一つ
咲きし
おしぼゆ

風も
すっかり
秋になり
ました

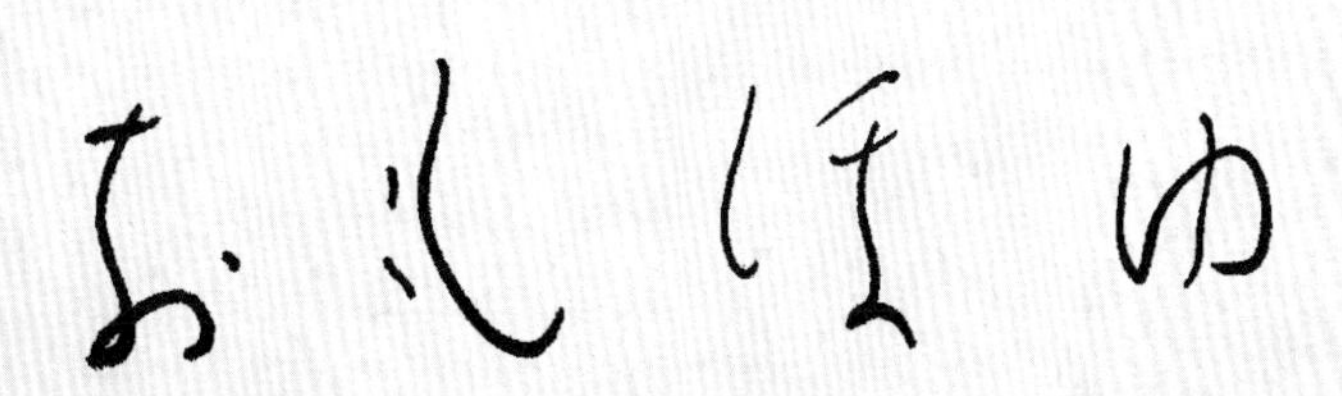
おしほゆ

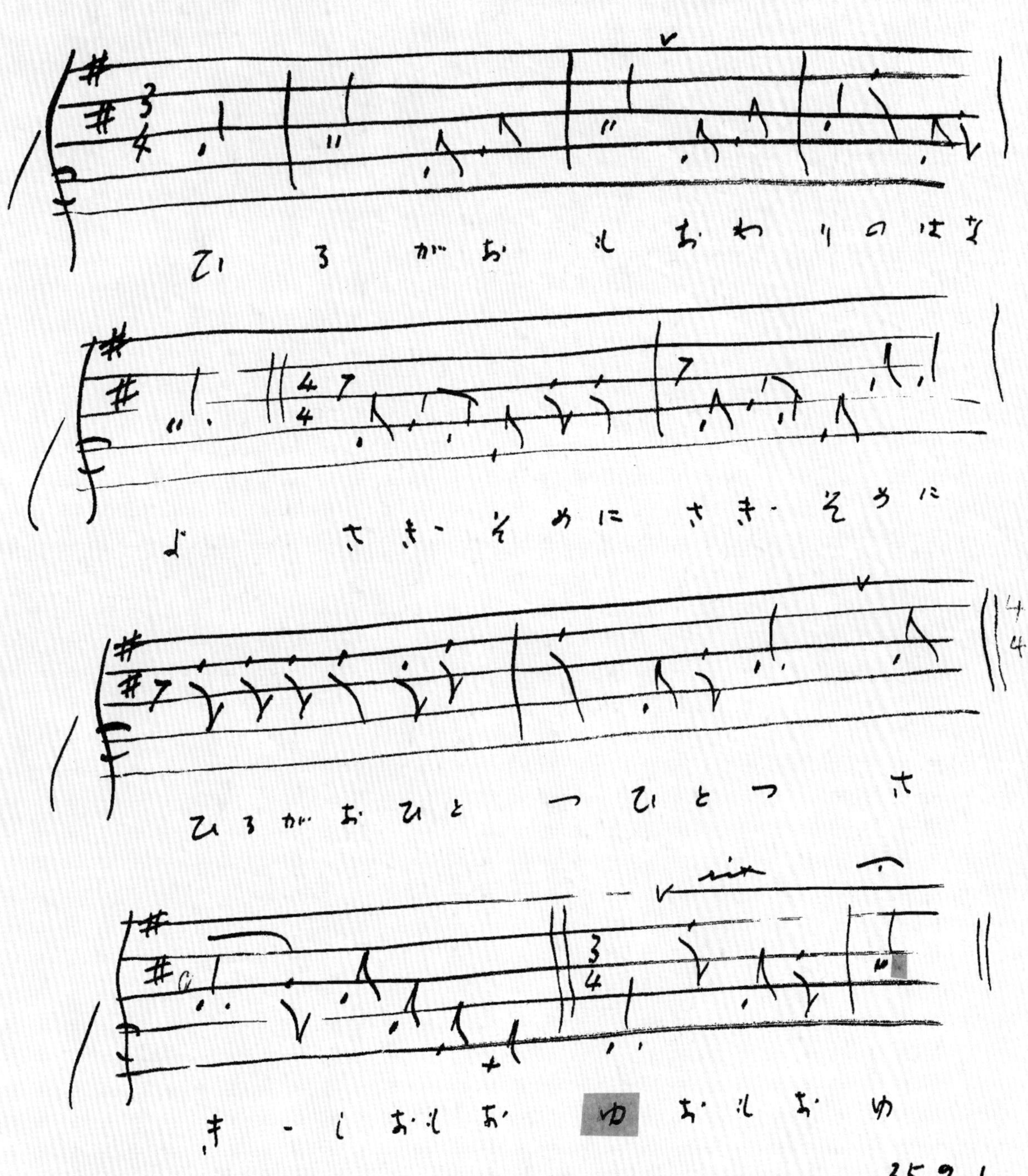
3
4
4
4
ひ る が お し お わ り の は な
よ さ き そ め に さ き そ め に
ひ る が お ひ と つ ひ と つ さ
3
4
き し お し お ゆ お し お ゆ
35.9.1.

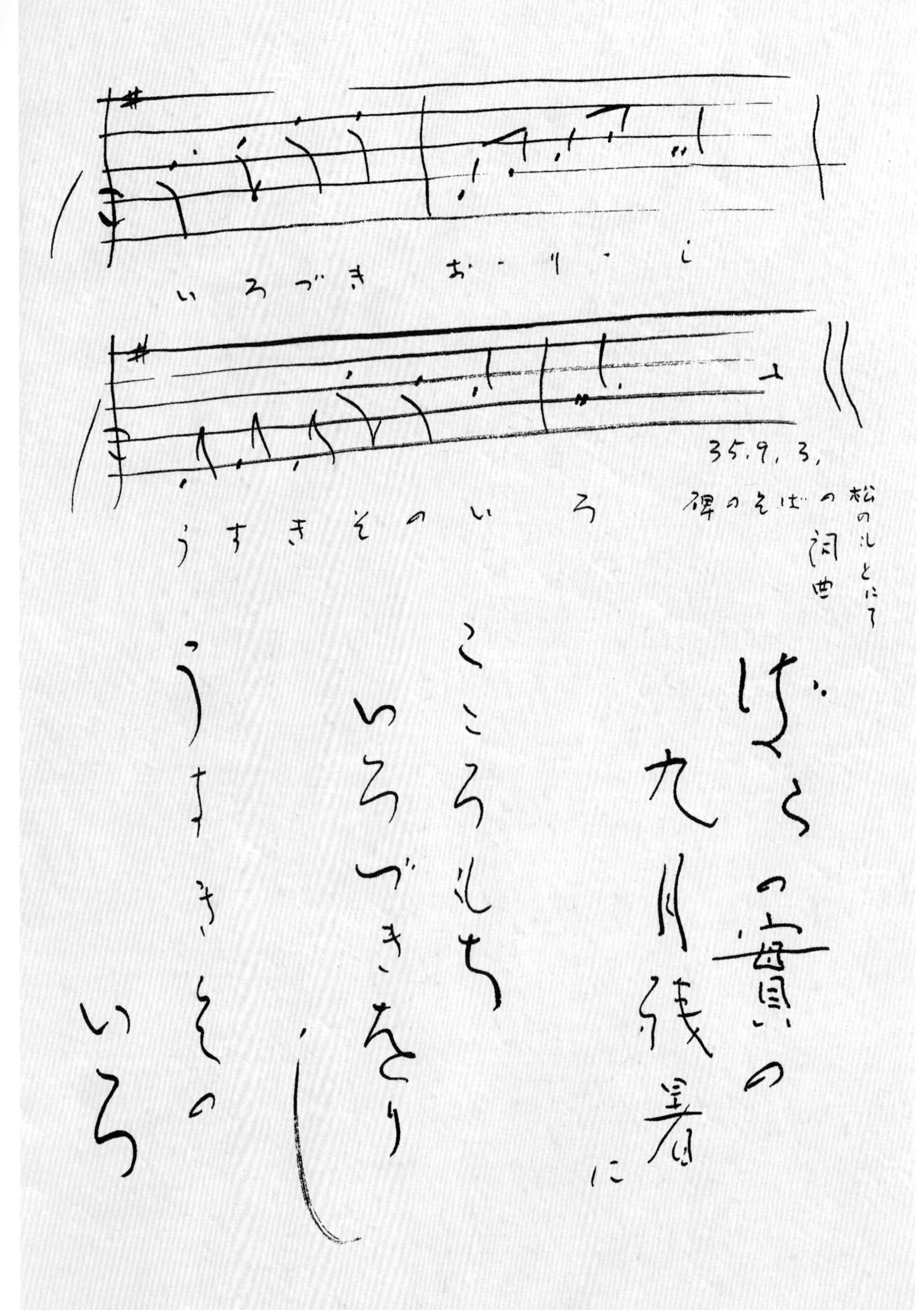

いろづき お－り－し
うすき その いろ
35.9.3.
碑のそばの松のもとにて
詞曲
ぼくの九月残暑に
こころもち
いろづきおりし
うすきそのいろ

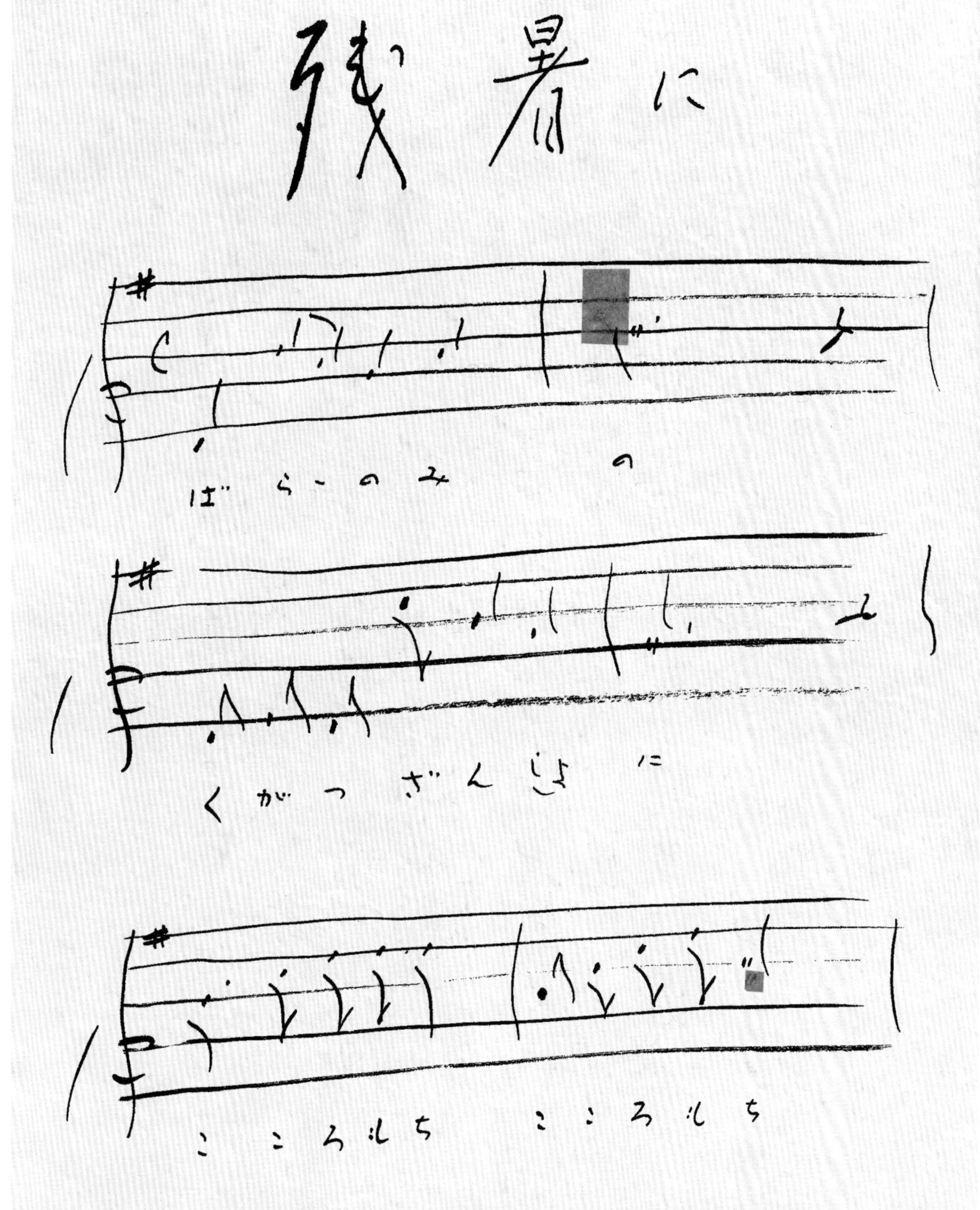
残暑に
ばら～のみ　の
くがつざんしょ　に
こころもち　こころもち

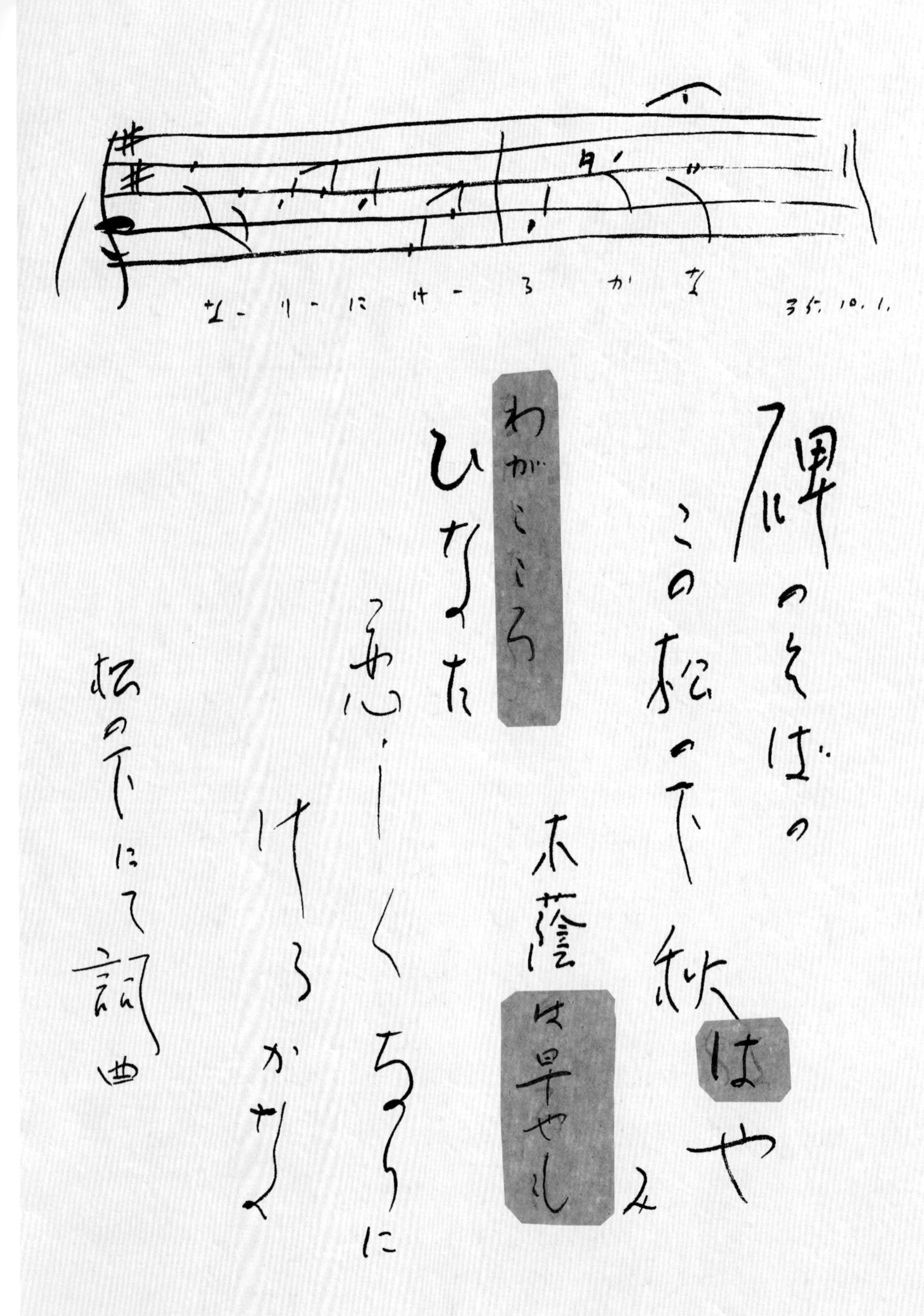
なーりーにけーるかな
35.10.1.
この松の下
秋はや
わがこころ
恋しく
なりに
けるかな
松の下にて詞曲

秋はやみ

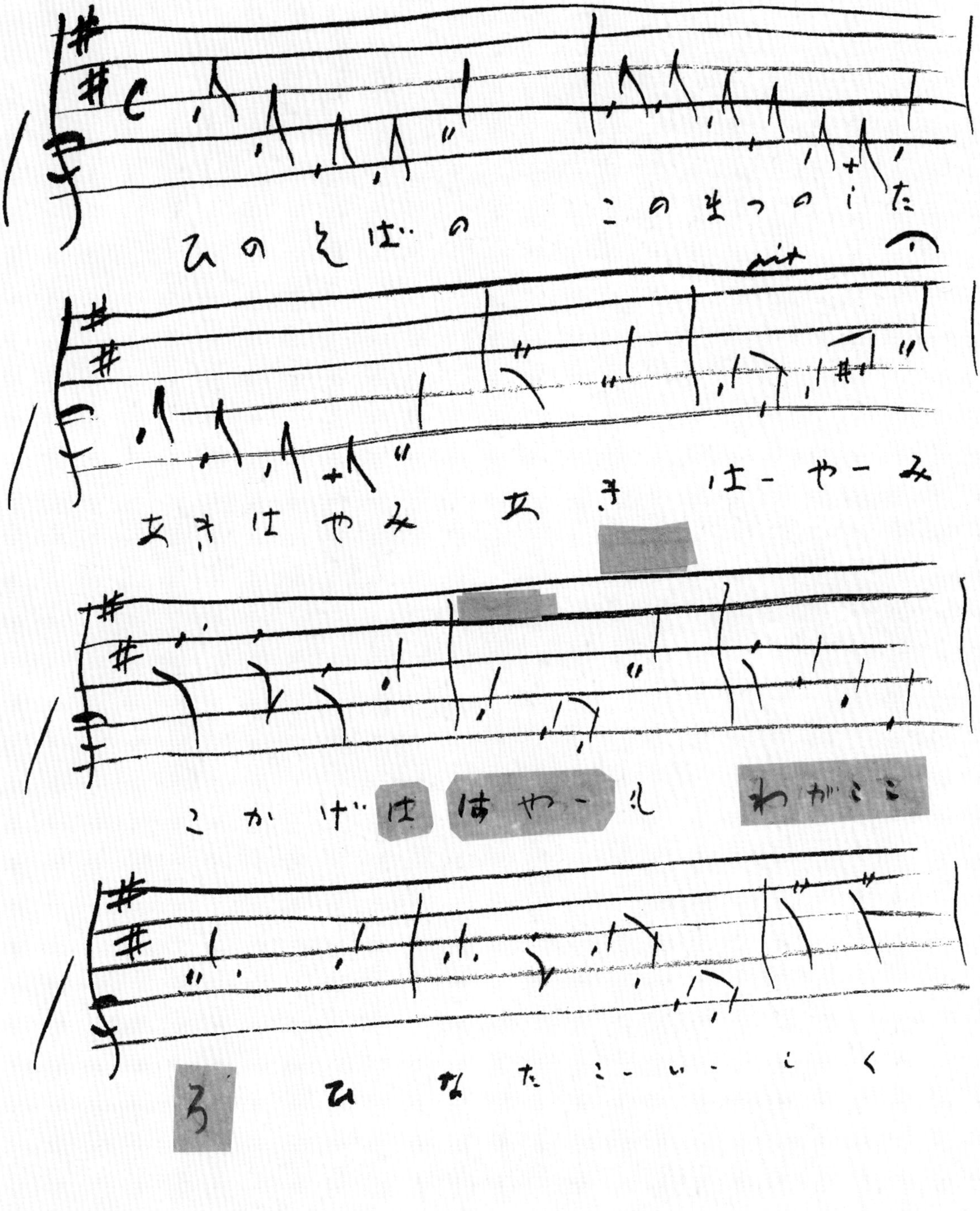

ひのえばの　このまつのした

あきはやみ　あき　はーやーみ

こかげははやーし　わがここ

ろ　ひなたこーいーしく

こしなよき
そくのやどり
み冬この
流む月
拝む

日本アルプスの
肩(かた)

今年も信濃路にて
冬を送るにあたりて

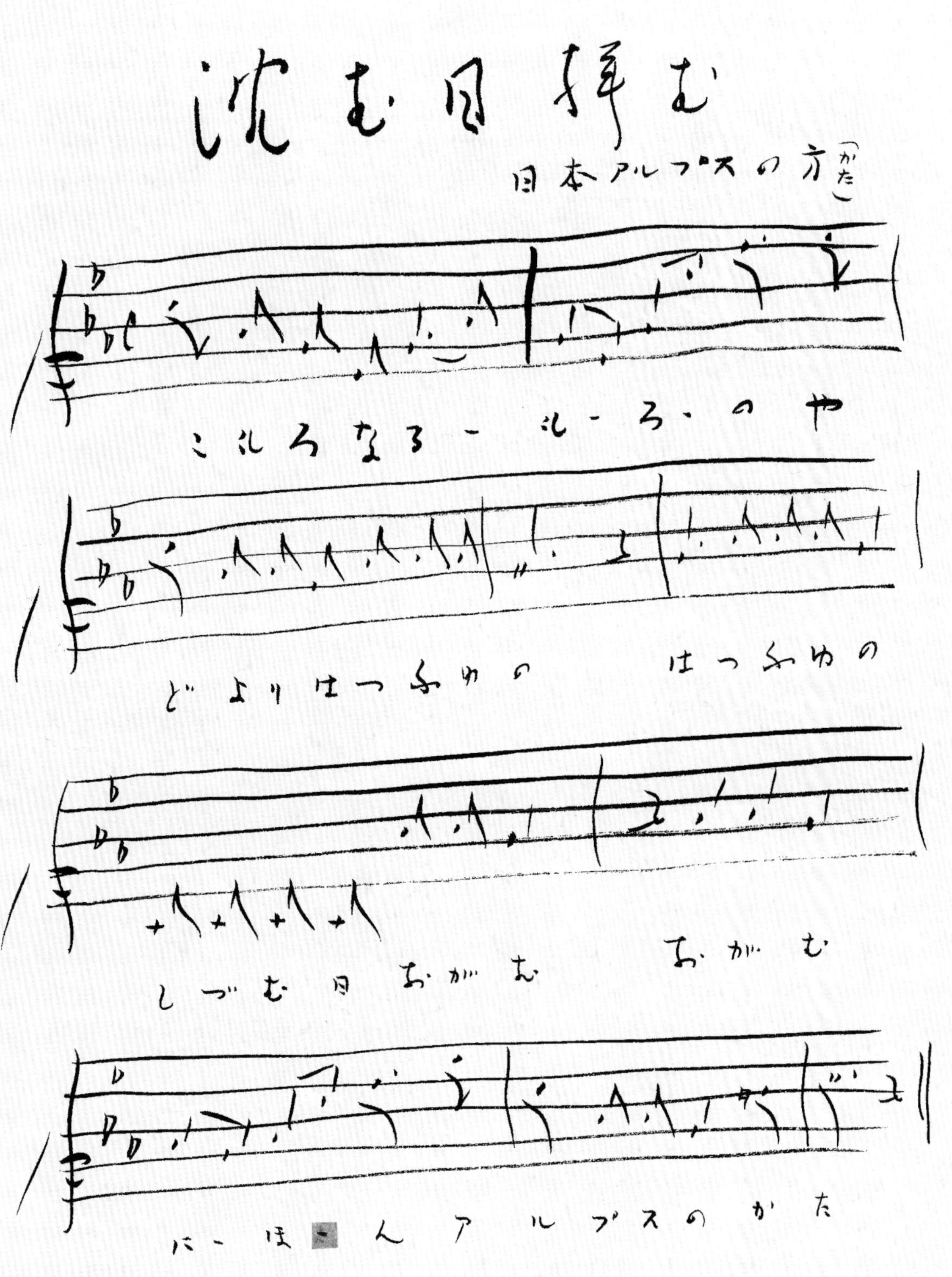
沈む日拝む
日本アルプスの方（かた）
こ れ ろ な る ー れ ー ろ ・ の や
ど よ り は つ ふ ゆ の　は つ ふ ゆ の
し づ む 日 お が む　お が む
に ー ほ ー ん ア ル プ ス の か た

35. 10. 23.

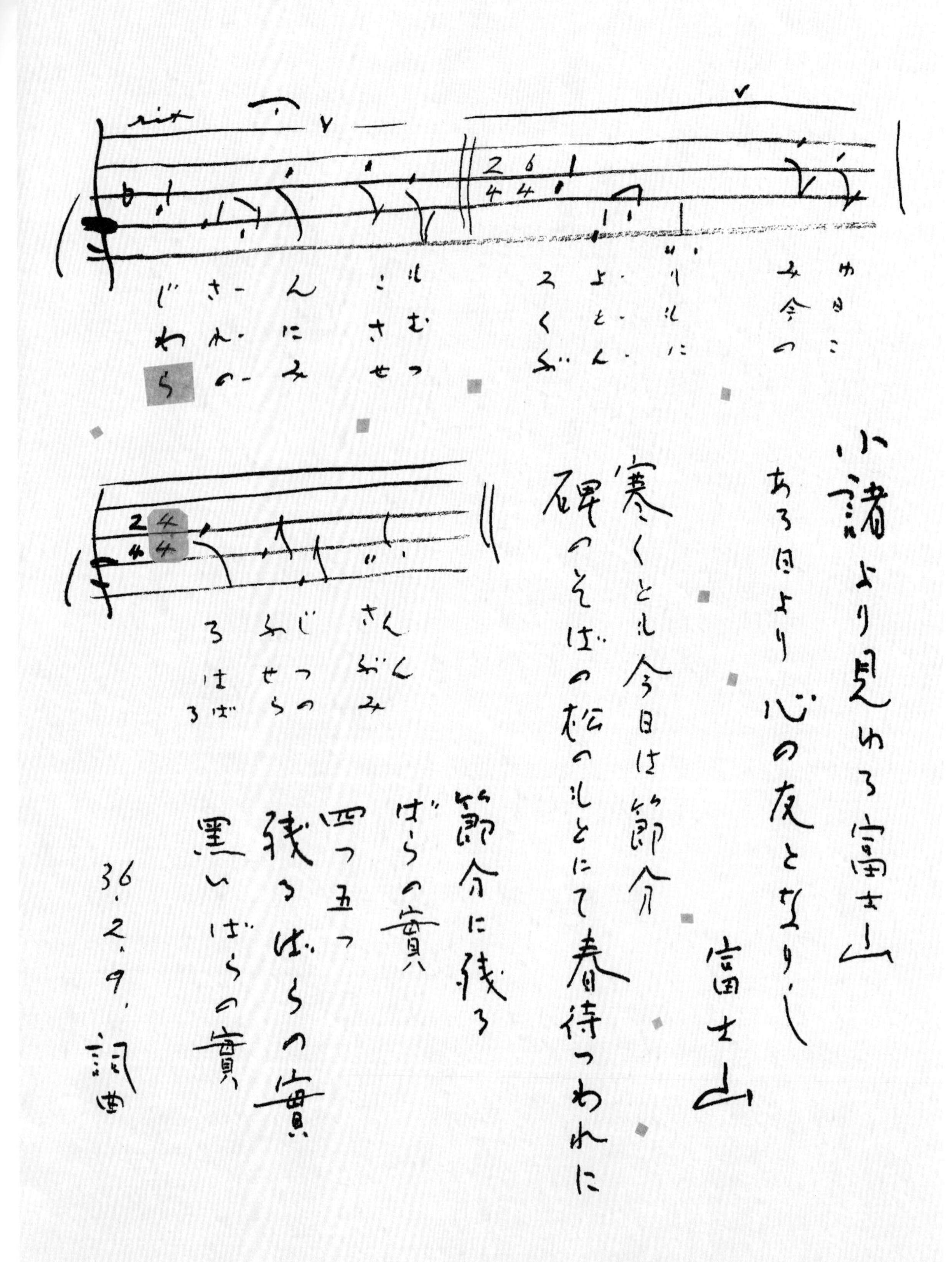

小諸より見ゆる富士山
ある日より心の友となりし
富士山
寒くとも今日は節分
碑のそばの松のもとにて春待つわれに
節分に残る
ばらの實
四つ五つ
残るばらの實
黒いばらの實
36.2.9. 詞曲

小諸より見ゆる富士山

こもろより みゆる ふじさん ある
さむくとし 今日は せつぶん 碑の
せつぶんに のこるばらのみ よっ
日より ある 日より
そば の 碑の そば の
いつ つ よっ いつ つ
こころの とし と なりし ふ
まつの しと にて はる まつ
のこるばらの み くらい ば

36~2~26.

碑のそばの
松のもとにて
詠む

さー・・ らー・・ ぎー

山吹け冬し
青くとおしい
見ろ
やぶ山のらく
青き
きさらぎ

やぶの山吹

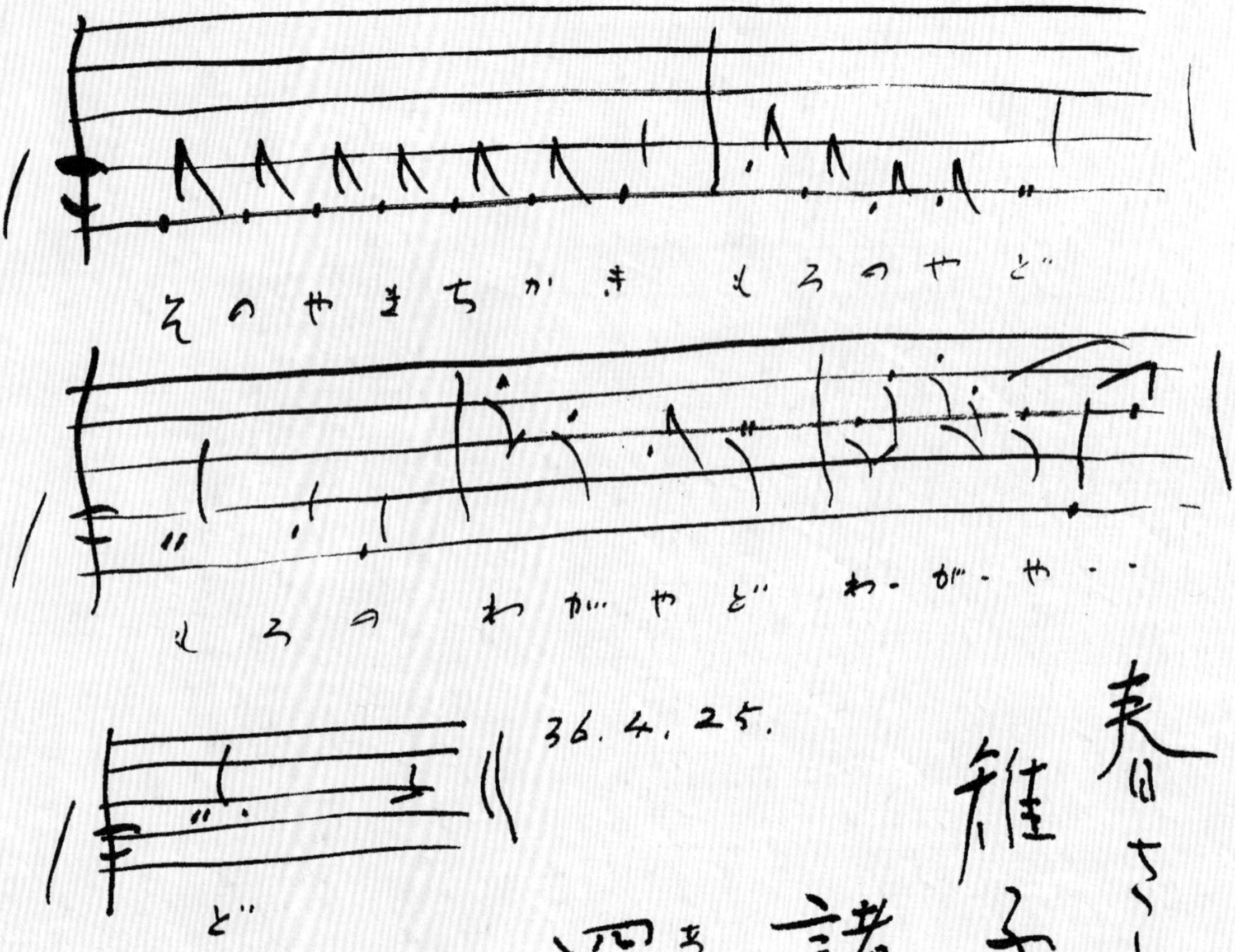

そのやまちかき　もろのやど

もろの　わがやど　わ-が-や--

ど

36.4.25.

春されば夜明けの山に
雉子鳴くその山近き
諸のわが宿
四阿（あづまや）のこの八重櫻
語るらく
君來ますまで
花の散らずと

三九・五・五・

諸のわがやど

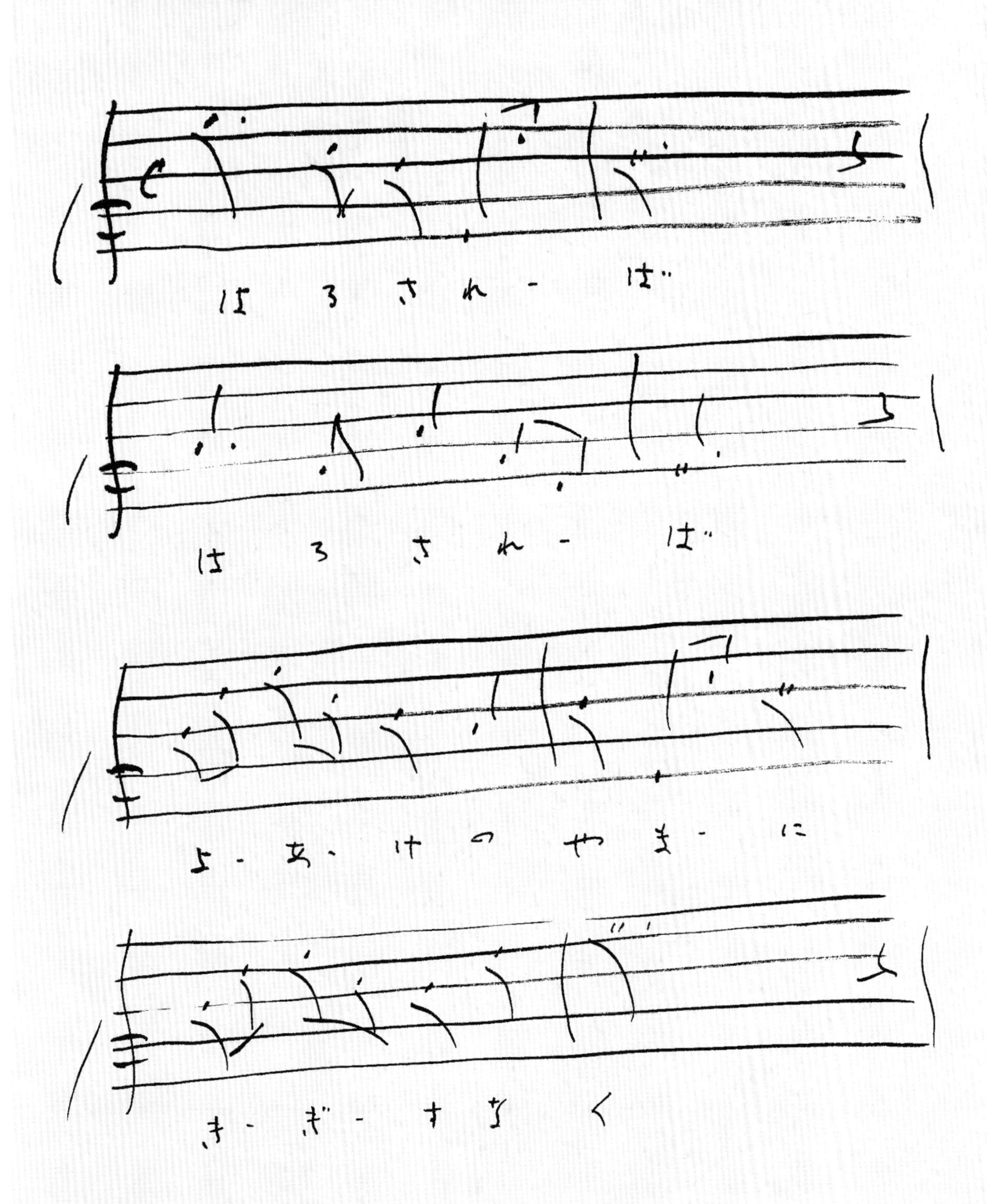

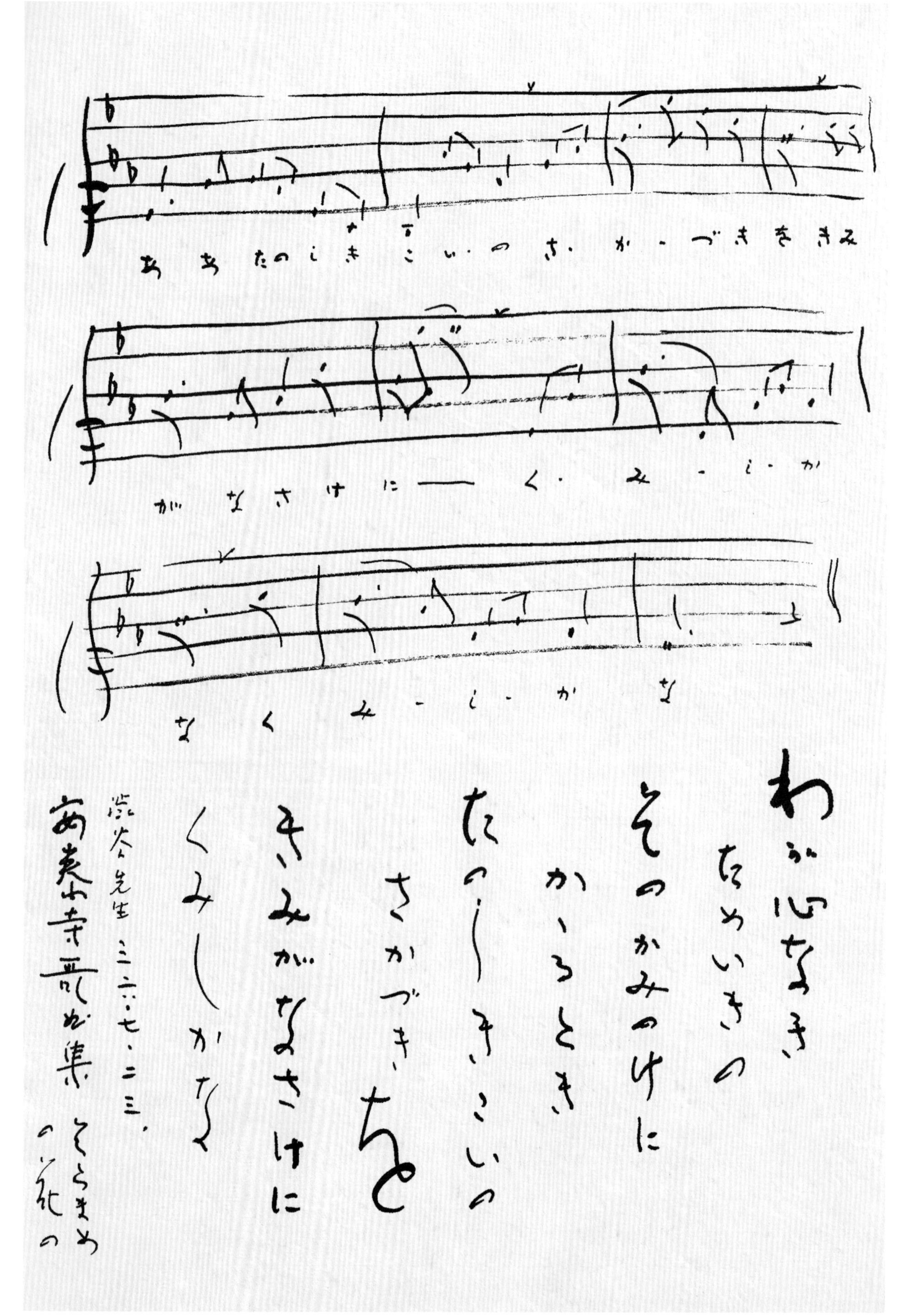
わが心なき
ためいきの
そのかみのけに
かゝるとき
たのしききこいの
さかづきを
きみがなさけに
くみしかな
二六・七・二三
そらまめの花の

わが心なき

36. 11. 29.
朝

ど ー に ー か か れ り

山近き諸の
我宿初しぐれ
しぐればらばら
窓にかゝれり

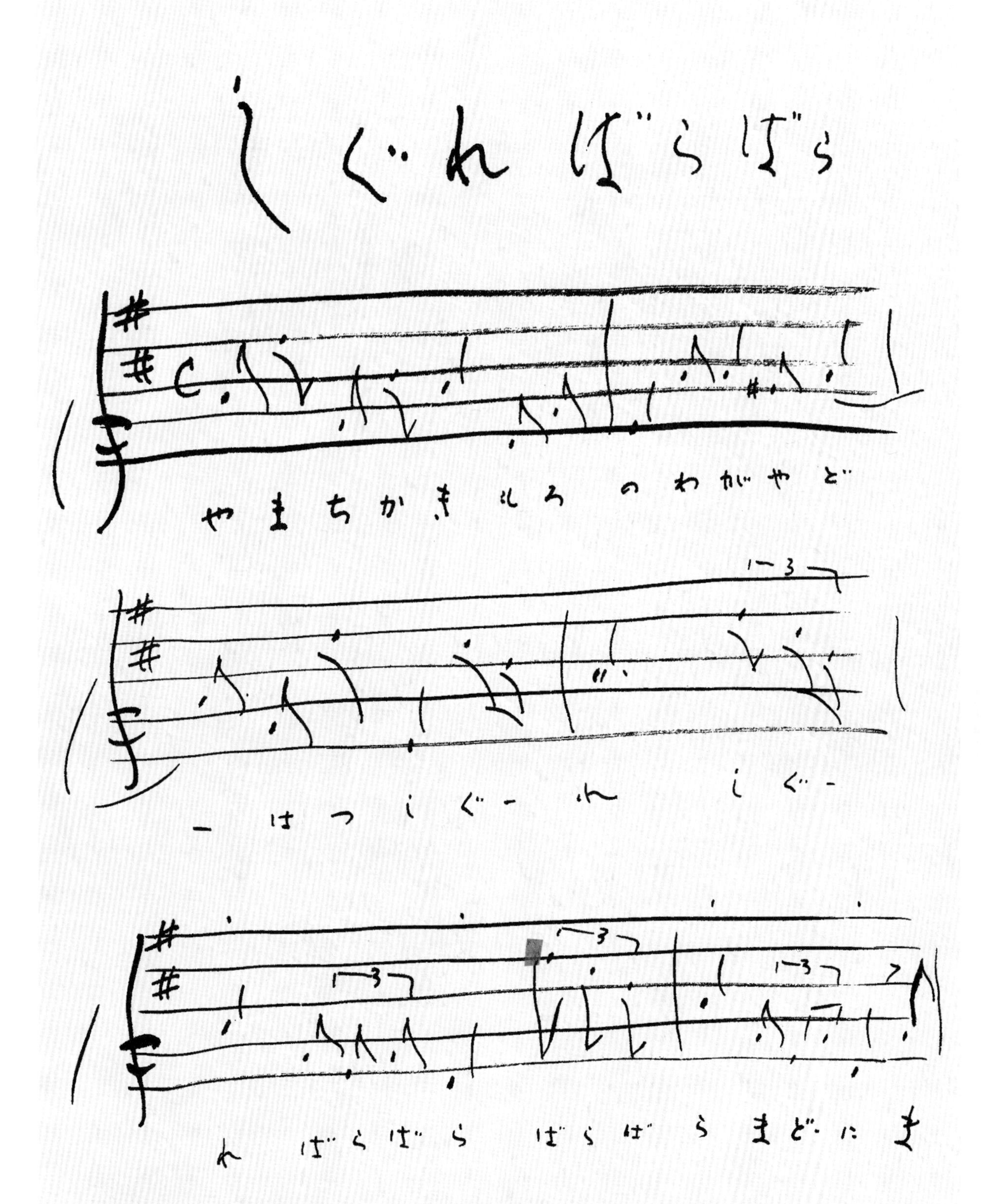
しぐれ ばらばら
やまちかきしろのわがやど
ー はつしぐー れ しぐー
れ ばらばら ばらばら まどに

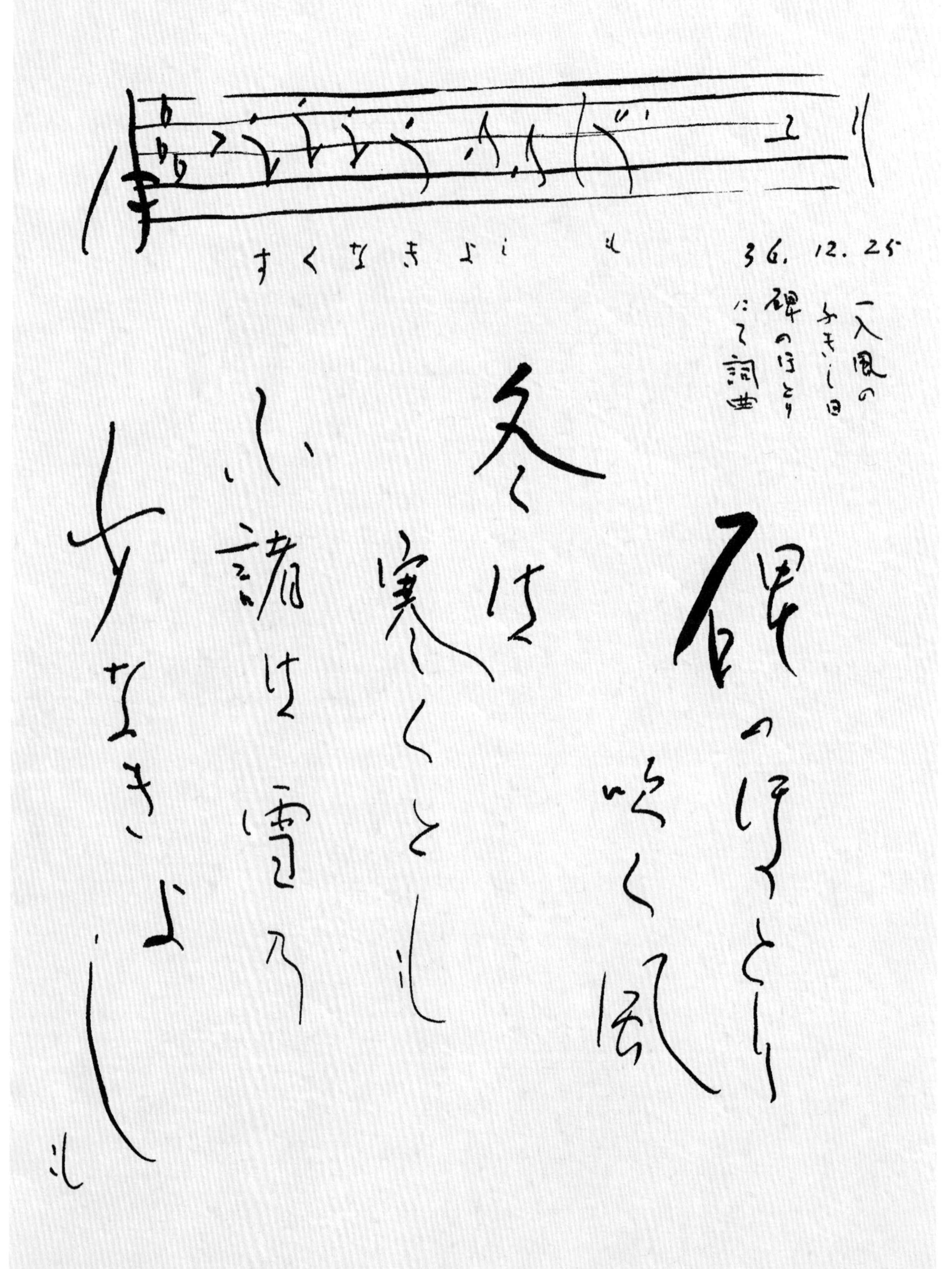

すくなきよし
36. 12. 25
一入風の
ふきし日
碑のほとり
にて詞曲
碑のほとり
吹く風
冬は
寒くとし
諸は雪乃
すくなきよし

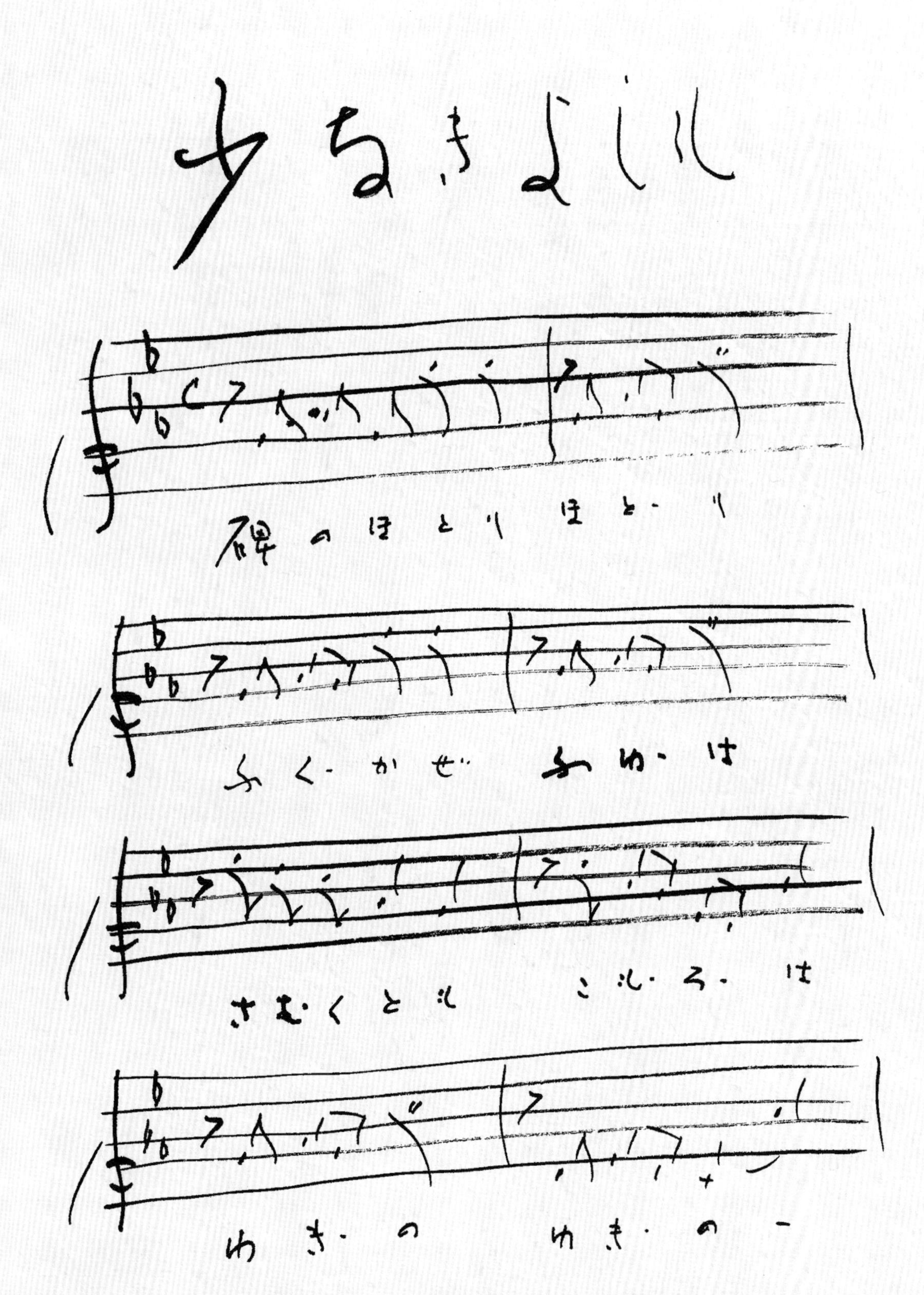
碑のほとり ほとり
ふくかぜ ふゆは
さむくとも こころは
ゆきの ゆきの

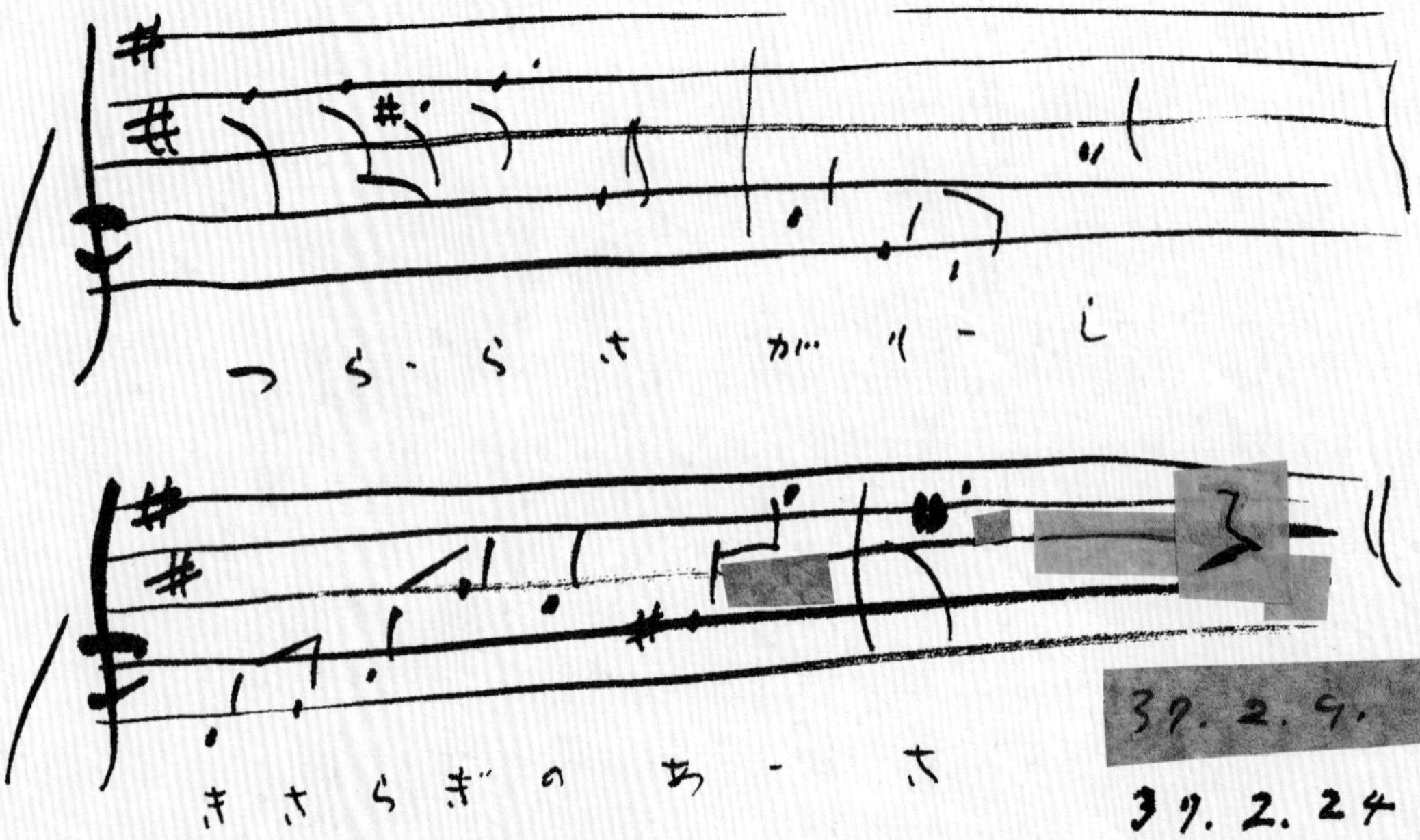

つらーらさ がりーし

きさらぎの あーさ

~~37.2.9.~~

37.2.24 赤明 書

わがすゞぎ
庭にかけたる
わがしやつに
つらゝさがりし
きさらぎのあさ

つららさがりし

わ - が - ま す - ぎ

に わ に か け た - ろ わ

が じゃ - つ - - に つ ら ら さ

が り - し き さ ら ぎ の あ さ

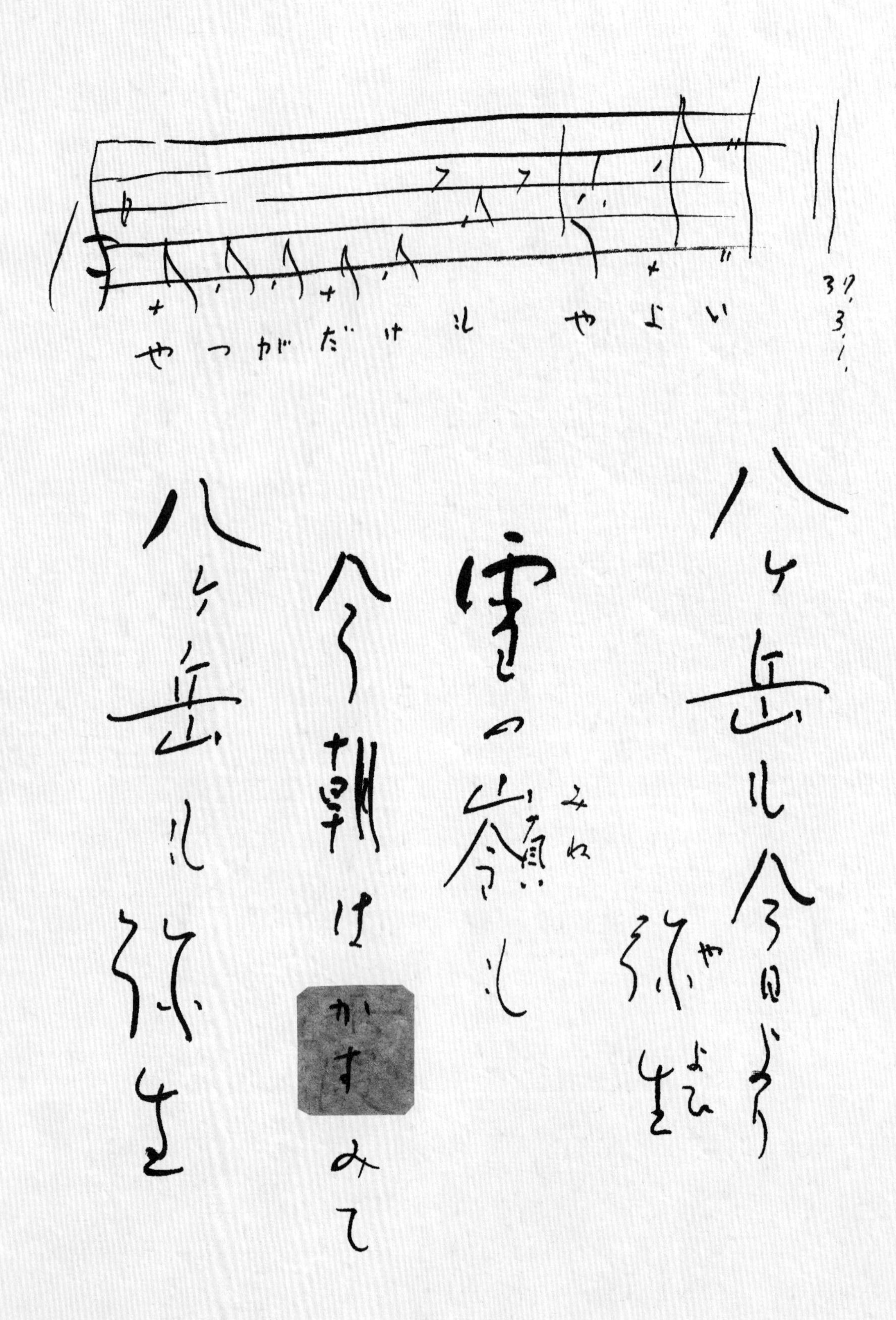

やつがだけ に やよい
八ヶ岳に今日より弥生
雪の嶺に
今朝はかすみて
八ヶ岳に弥生

ハヶ岳しやよひ

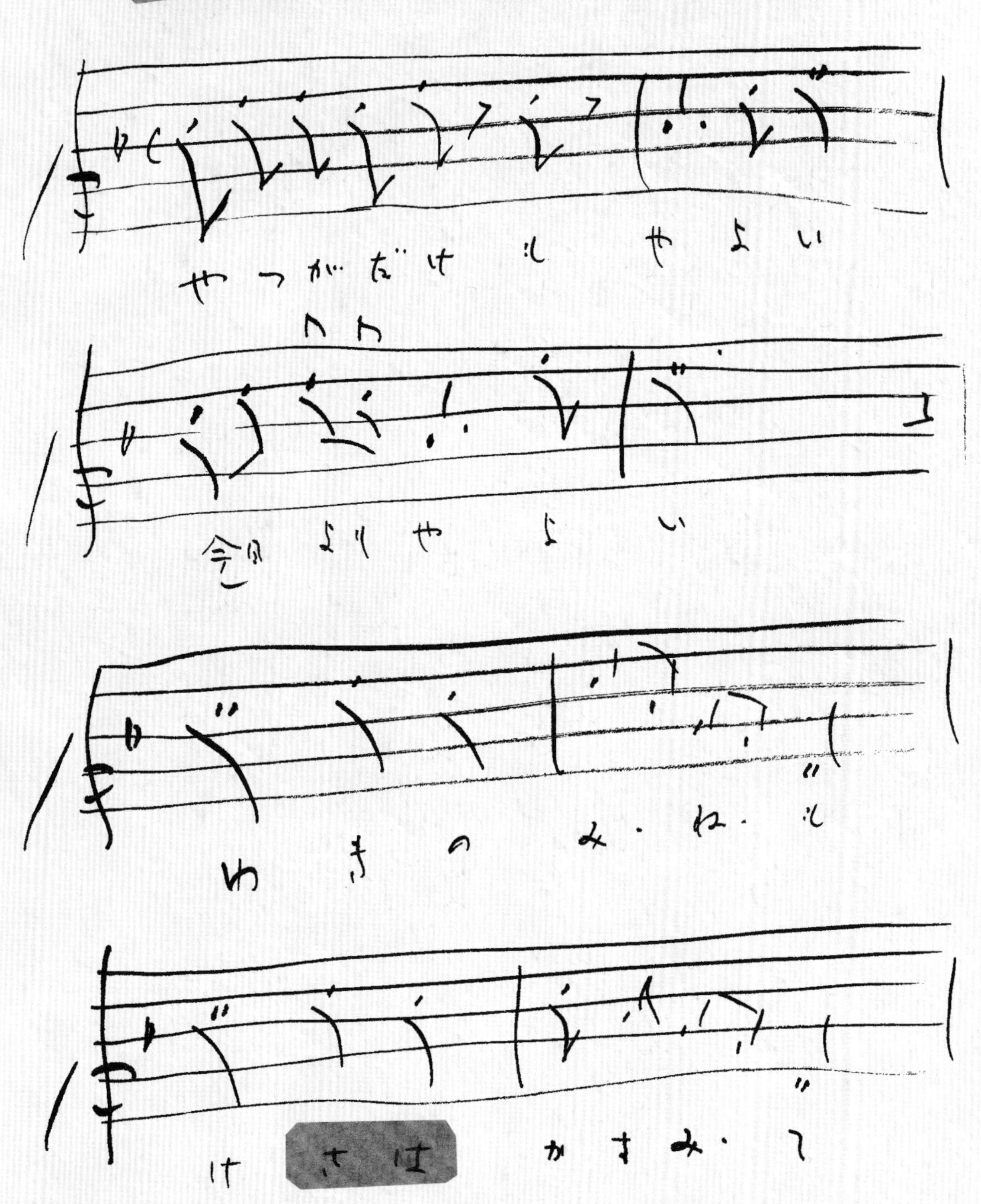

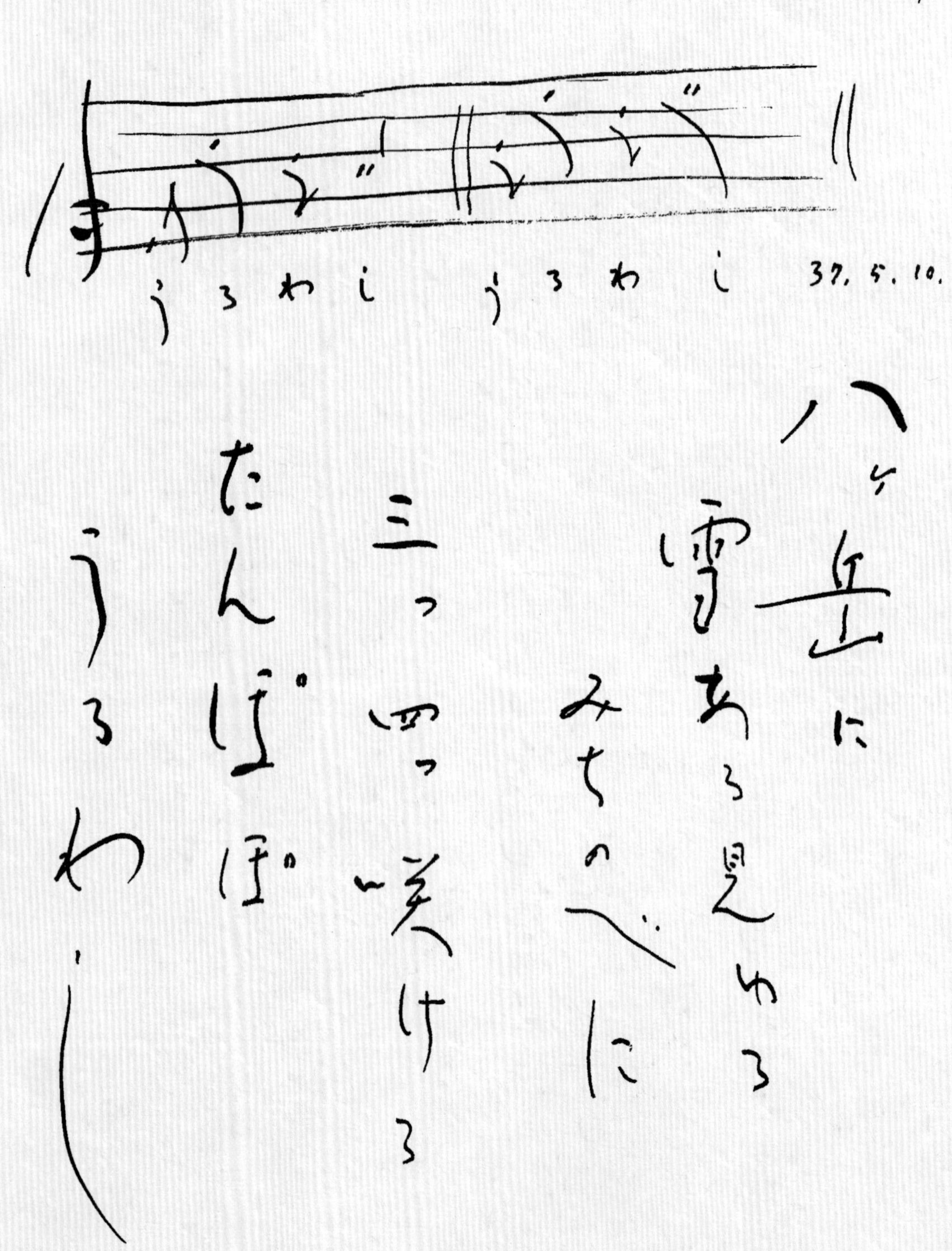
補修
35.5.19.
うるわし うるわし
37.5.10.
八ヶ岳に
雪ある見ゆる
みちのべに
三つ四つ咲ける
たんぽぽ
うるわし

たんぽぽうるわし

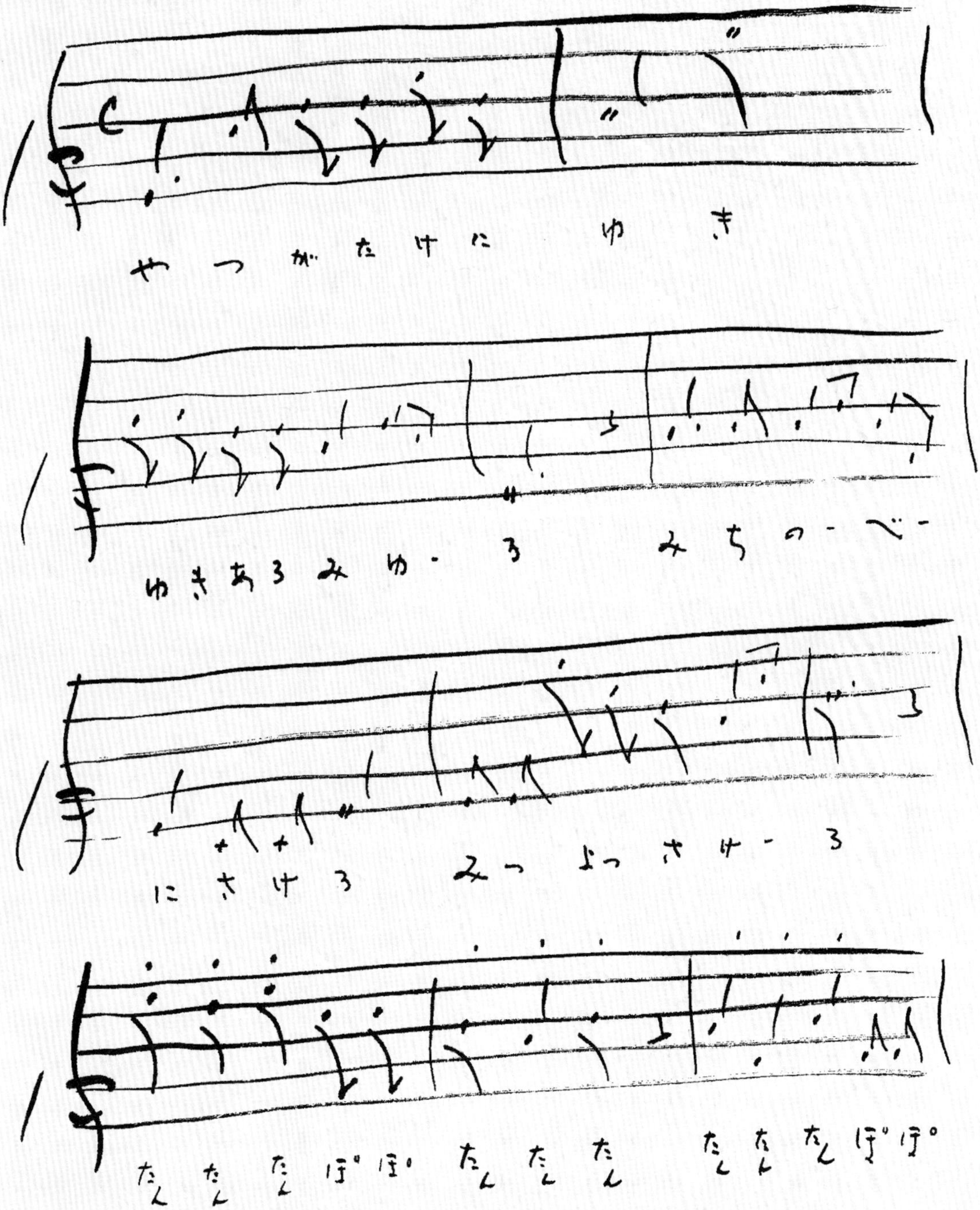

やつがたけにゆき

ゆきあるみゆーる みちのーべー

にさける みっよっさけーる

たんたんたんぽぽ たんたんたん たんたんたんぽぽ

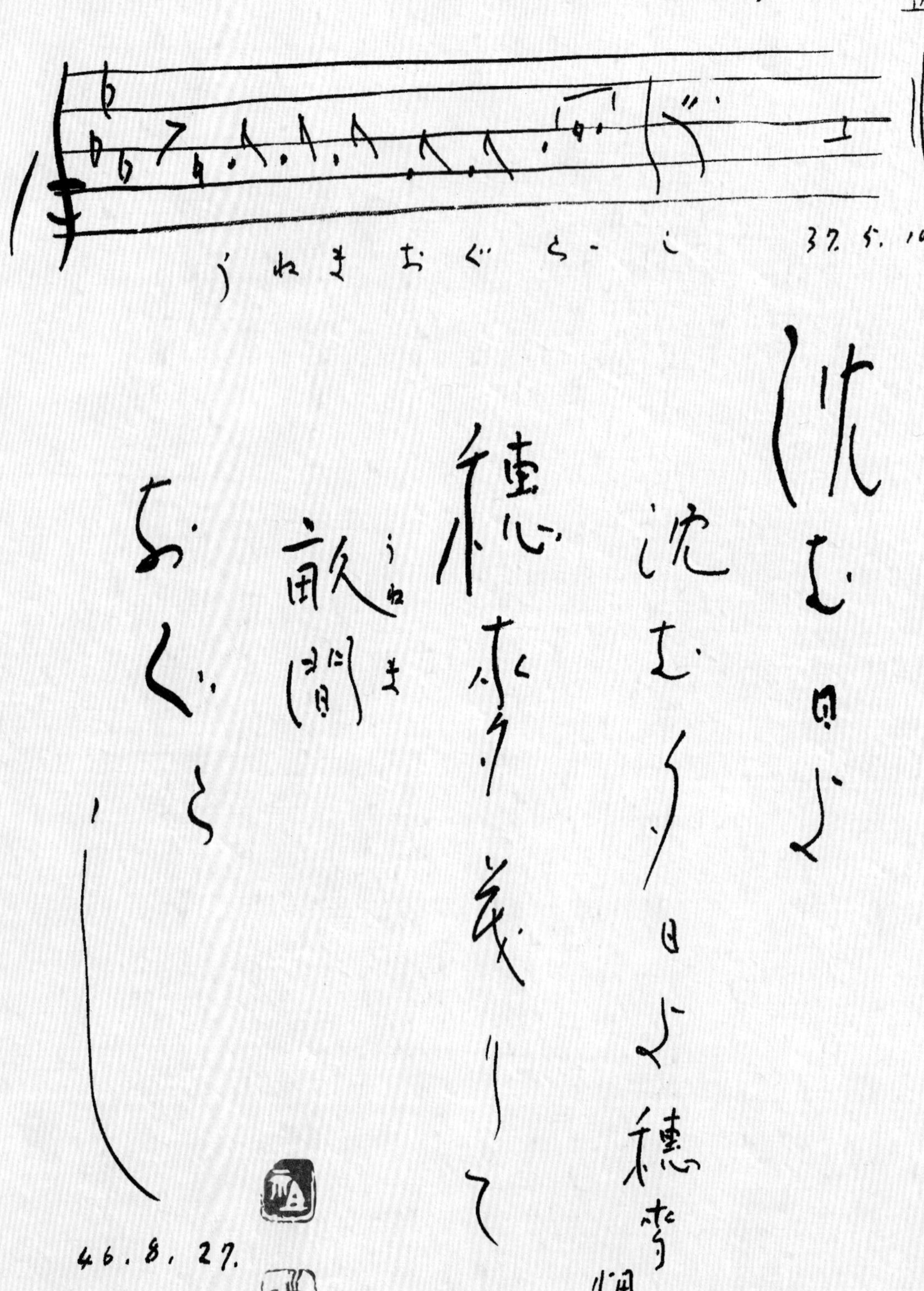
渋谷先生
37.6.10.
校正
37.5.10.
沈む日よ
畝間
46.8.27.

穂麦茂りて

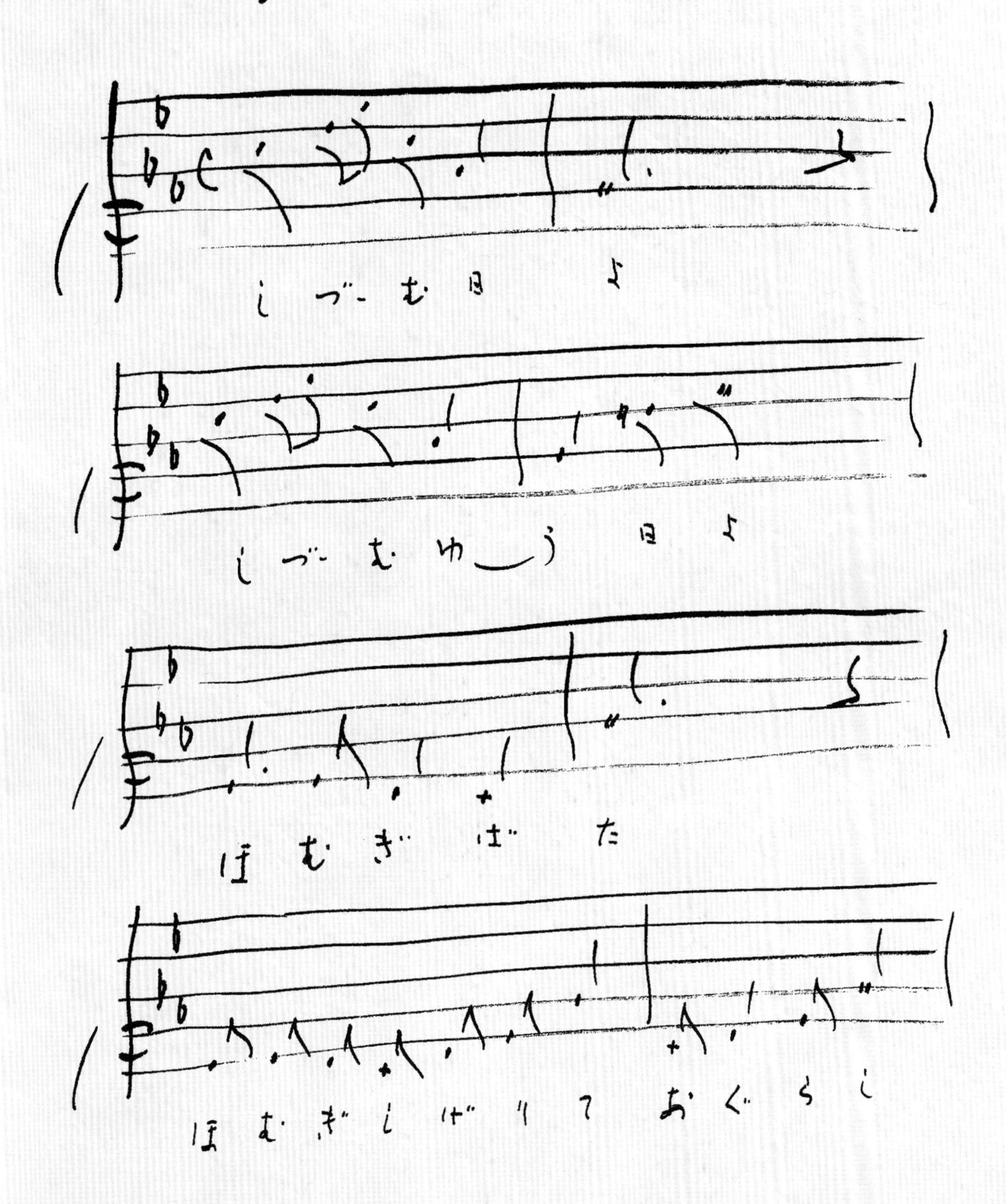

あとがき

横山祖道老師が示寂なされた翌年、昭和五十六年には『草笛禅師』が、昭和五十七年には『我立つ杣』、『横山祖道歌曲集』が、昭和五十八年には『草笛禅師歌曲集』が、ご親戚の畠山文雄氏を中心にして紀尾井書房から次々と出版されました。そして平成二十年に私が『普勧坐相み仏』と題して、先師老師のお書きになられたものと、直接先師からお聞きしたことを横山祖道師追憶（覚え書き）として加え、大法輪閣から出版しました。また平成二十四年には、小諸ハーモニーの横山弘氏と有志の方々のご協力をいただき『小諸を歌う』と題してCDを出しました。

最後まで残ったのが、この直筆の『碑のほとり乃哥』の（上）（中）（下）でした。この『碑のほとり乃哥』をどのような形で出したらよいのかがわからず、ご親戚の岩澤亮氏と相談し、岩澤氏からご提案もいただいたのですが、結論は出ませんでした。

一方、小諸草笛会の小林政利氏の紹介で、同会員の上田市岩下にお住まいの長谷川吉史氏より、年月が経ちあちこちにシミが出ていた『碑のほとり乃哥』の原本を、パソコンで一つ一つ丁寧にシミを取っていただき、CDに入力してもらいました。また『小諸を歌う』の中から『碑のほとり乃哥』にある曲と、草笛を加えCDも作っていただきました。一応これだけで出版しようと思えば出来たのですが、先師老師の願いは「只管打坐」の坐禅を後世に伝えることでありましたし、これが最後の出版物になると思い決めかねておりました。

あとがき

そうこうしているうちに長谷川氏がお亡くなりになりました。今年令和四年、『我立つ杣』を読みながら横山祖道老師の世界は如何なるものであったのかと考えていたら、「宇宙万象（人間を含め）は風雅なり」のこの一句に尽きると思ったのでした。このことがはっきりしたことで、これで『碑のほとり乃哥』が出版出来ると思ったのでした。

出版に当たり小諸草笛会員の小諸市八満にお住まいの深沢正博氏にお願いして、長谷川氏の作ったCDに「夕空愛し」と「ほととぎす　み寺の軒を」の二曲を加え、数か所修正していただき、CDが出来ました。また岩澤亮氏には最後まで助言、相談に乗っていただきました。ここに携わっていただいた方々に深く感謝を申し上げます。またこの本の制作に親身になってご協力いただいた編集部の原田浩二氏に厚くお礼申し上げます。

柴田　誠光

『碑のほとり乃哥（うた）』付録CD内容

1 山を見るかな
2 こもろとや
3 あられ
4 草笛かなし
5 のばら匂えり
6 自性清浄
7 あづまやのそばに
8 初小諸
9 ぼけより先に
10 松下浄土
11 五月雪あり
12 松の下にも（くぬぎの花ちり）
13 えんどうの花に
14 曇り日の
15 小諸より見ゆる富士山
16 諸のわがやど
17 しぐればらばら
18 八ヶ岳もやよひ
19 たんぽぽうるわし
20 浅間嶺ちかき
21 チュウリップ（草笛）
22 さくらさくら（草笛）
23 椰子の実（草笛）
24 惜別の歌（草笛）
25 荒城の月（草笛）
26 どんぐりころころ（草笛）
27 赤とんぼ（草笛）
28 初恋（草笛）
29 故郷（草笛）
30 千曲川旅情の歌（草笛）
31 みちのくの
32 ほととぎす　み寺の軒を
33 夕空愛し

著者プロフィール

横山 祖道（よこやま そどう）

（本名　横山運平）
明治40（1907）年９月１日、父・横山栄、母・とも、の次男として生まれる（４男５女の第６子）
家業は機織業（生家は、伊達家筆頭家老職の家柄であった）
大正３（1914）年　登米高等尋常小学校入学
大正５（1916）年　３年生の時、草笛を覚える
尋常小学校を卒業後は家業を手伝いながら青年時代を過ごす
昭和12（1937）年12月　澤木興道師の許に出家し、尾張の雲居寺に預け入れられる
昭和13（1938）年１月　得度
昭和13（1938）年３月～15（1940）年　伊豆最勝院
昭和15（1940）年５月～17（1942）年５月　総持寺
昭和17（1942）年５月～21（1946）年　肥後の海蔵寺
昭和21（1946）年９月～丹波の普応山十方寺
昭和21（1946）年10月～羽後の東傳寺
昭和22（1947）年10月～十方寺
昭和23（1948）年４月～信濃の貞祥寺
昭和24（1949）年８月～32（1957）年３月　京都の安泰寺
昭和32（1957）年３月～33（1958）年４月　仙台にて静養
昭和33（1958）年４月　小諸市に居を移す
昭和55（1980）年６月16日　示寂

碑のほとり乃哥　―草笛禅師横山祖道老師の世界 坐禅、風雅、人生―

2023年３月15日　初版第１刷発行

著　者　横山 祖道
編　者　柴田 誠光
発行者　瓜谷 綱延
発行所　株式会社文芸社
〒160-0022 東京都新宿区新宿１-10-１
電話 03-5369-3060（代表）
03-5369-2299（販売）

印刷所　図書印刷株式会社

ISBN978-4-286-26069-3